学校では教えてくれない
江戸・幕末史の授業

井沢元彦

PHP文庫

○本表紙図柄＝ロゼッタ・ストーン（大英博物館蔵）
○本表紙デザイン＋紋章＝上田晃郷

はじめに

この「学校では教えてくれない授業」シリーズ、幸いに読者の御支持もあって版を重ねています。しかし、初めてこのシリーズを手に取ったという読者もおられるでしょう。ここで改めて、というのは長年の愛読者に対しても、ということですが、このシリーズのコンセプトを説明したいと思います。

いや、このシリーズのコンセプトというより、私が書いているすべての歴史ノンフィクションに共通する理念といったほうが正確ですが、この本で言うならば「あなたは、なぜ江戸幕府が開国を渋ったか明確に答えられますか?」ということなのです。この質問に対して、学校の授業や教科書を読むだけでは、明確には答えられないはずです。理由は簡単で、今の日本の歴史教育、特に日本史教育は「その時、日本人が何を信じていたか」をまったく分析しようとせず、単に事実の羅列を暗記させているだけだからなのです。これは日本史教育及び研究の致命的な欠陥とも言っていいと思いますが、肝心の日本史の専門学者、その先生方に教えを受けた中学校、高校の日本史の教育者たちがその欠陥をまったく自覚していません。だから文学部歴史学科を卒業していない、法学部出身の素人の私がこういう本を書くことに社会的意義があるのです。

けっして大げさに言っているのではありませんよ。例えば、江戸時代の三大改革というものがありました。享保《きょうほう》の改革、寛政《かんせい》の改革、天保《てんぽう》の改革で、最近は三大改革という言葉はあまり使わないようですが、今でも教科書ではこの三つを改革と呼んでいます。ところが享保と寛政の間にあった老中《ろうじゅう》・田沼意次《たぬまおきつぐ》の政治だけは「改革」と呼ばず、「田沼政治（もしくは田沼時代）」と呼んでいます。ヘンだと思いませんでしたか？

確かに享保の改革の将軍徳川吉宗《とくがわよしむね》や寛政の改革の松平定信《まつだいらさだのぶ》のやった政治とはまったく違う政治ではありますが、田沼がさまざまな政策を実行して幕府の財政改革をしようとしたのは紛《まぎ》れもない事実です。しかし教科書をごらんになればおわかりのように、もう半世紀以上（実は明治時代からだから百五十年近く）、田沼の「改革」は改革と呼ばれていません。

この理由がおわかりですか？　詳しくは本文に書いておきましたが、簡単に言うと江戸時代には商業や貿易に対する偏見《へんけん》があり、それゆえ商業立国、貿易立国を目指した田沼は大悪人とされてしまったからなのです。

　しかし、それは「江戸時代の日本人の考え方」であり、「偏見」です。現代の公平な視点から見れば「田沼意次と松平定信の政治はまったく方向性は違ったが、ともに幕府の財政立て直しを図ろうとしたものであった」などと記述しなければおかしいではないですか。そうなっていないのは、歴史学者の先生方がまったく「江戸時代の日本人の考え方」を知らず、知ろうともしないからです。つまり江戸時代の偏見にいまだに引きずられているということですよ。情けないと思いませんか。

　もっとも、そうは言ってもにわかに信じられないかもしれませんので、詳しくは本文をお読みください。プロの歴史学者の言っていることが正しいか、もともとは素人の私が言っていることが正しいか、ぜひ自分の目で確かめてください。

　そして納得がいかれたら、周囲の方々、特に中学校や高校で日本史を教えている先生方に私の本を勧めていただきたいのです。歴史は暗記科目ではありません。その時々の「日本人の考え方」を抜きにして事実の羅列だけ教えるから、子供たちはそのように思ってしまうのです。無駄な暗記を強《し》いられ、貴重な時間を浪費し、結果的に日本史が嫌いになるという最悪の循環が生じています。二〇二二年より国も現在の方針を改め「考え方」を重視する方向を目指すとしていますが、待ってはいられません。私はこの現状を何としてでも解消したいのです。

日本史全体に関する私の「歴史学」を、手っ取り早く知りたいなら『日本史真髄』(小学館新書)が、そしてもっと詳しく知りたいなら『逆説の日本史』25巻(継続刊行中、小学館)そして、入門書としてはこの「学校では教えてくれない授業」シリーズが最適です。普通、こうした場所では他社の出版物については言及しないのが礼儀なのですが、私の担当編集者たち(PHP研究所に限らず他社も)もそうした現状を憂《うれ》えている人々で、理解があります。一方で、歴史学界の先生方の中には「井沢の本など読むな」などと弟子を洗脳している向きもあると噂に聞きます。そうした被害を防ぐためにも、ぜひぜひこれらの本の内容を広めることにご協力お願いします。

著者敬白

学校では教えてくれない江戸・幕末史の授業　目次

第二章

貿易国家への失敗、キリスト教の脅威

——なぜ幕府は「鎖国」政策をとったのか？

第二章

戦国の後始末、平穏な江戸へ

——それでも戦国の世の中はなかなかおさまらなかった

第四章

綱吉・赤穂事件・三大改革のウソと真実

——江戸中期には朱子学の毒が蔓延していた!

第五章

なぜ薩長は幕末の雄藩になれたのか

——運命の分かれ道は「関ヶ原」にあり

第六章 朱子学が幕府を滅ぼした
——幕府崩壊の原因は家康の「誤算」にあった！

編集協力：島田栄昭
図版制作：ウエイド

序章

本能寺の変が家康を変えた

なぜ徳川家康は朱子学を導入したのか?

◆専門家は歴史を見誤る

私は、大学は法学部を出て、TBS（東京放送）で政治記者をやっていました。つまり、日本史の専門家ではありません。専門教育を受けたこともありません。にもかかわらず、プロの歴史学者が語る歴史というのは、かなり実態から離れていることに気がつきました。なぜ専門家がそういう風に見誤るかというと、その時代しか見ていないからです。

今の歴史学は、ものすごく専門分野が分かれています。例えば戦国時代の専門家というのは、実は存在しません。その代わり戦国時代の織田信長《おだのぶなが》の経済の専門家という人はいる。あるいは同じ織田信長でも、岐阜《ぎふ》時代の専門家と安土《あづち》時代の専門家がいたりする。それほど細分化されているわけです。そういう細かいところで勝負しないと、博士論文を書けないのです。だから、**専門家ほど狭いところばかり見て、大きな流れに気づかないことが多い**のです。

例えば、ある人が幼いころ、木登りの途中で落ちて腰を打ったとします。青年期、中年期にはなんともなかったのに、晩年になって急に腰が痛み出し、医者に診《み》てもらったら幼少期の落下が原因だった、などということが人生にはありますよね。実は歴史もそういうことがあるんです。

周知のとおり、江戸時代は約二百六十年続きます。これだけ長いと、細かいエピソードには事欠きません。しかしそれを個々に研究するだけでは、歴史を知ることにはならないのです。実は幕府を開いた徳川家康《とくがわいえやす》の打った布石《ふせき》が、約二百六十年後の幕末にとんでもない結果を招くことになる。そのダイナミズムこそ歴史の醍醐味《だいごみ》だと思います。

つまり**歴史というのは、全体を見る必要がある**のです。日本の場合、戦国時代に起きたことが、実は江戸時代に大きな影響を与えている。あるいは江戸時代に起きたことが、実は明治や現代にまで大きな影響を与えている。こういうことが実際にあるわけです。

例えば、一本の栗羊羹《ようかん》があるとします。中に栗が入っているわけですが、切り口によっては栗の断面が見える場合も見えない場合もあります。そのとき、栗の断面を見た人が「一本の中には栗がぎっしり詰まっている」と解釈するのは間違いですし、断面を見なかった人が「栗羊羹といっても栗は入っていない」と解釈するのも間違いでしょう。

一本全体が栗羊羹であり、その一部分しか見なければ、全体を見誤るのは当然でしょう。
では なぜ間違えたのか。それは一つの断面しか見ようとしなかったからです。

◆幕府安定のための楔《くさび》としての「朱子学《しゅしがく》」

全体を見ることがいかに大事か、その事例を一つ紹介します。

「本能寺の変」と言えば、今や知らない人はいないでしょう。なぜ、明智光秀《あけちみつひで》は大恩人である織田信長を殺したのか。それこそ専門家によって諸説ありますが、いずれも後付けの解説に過ぎません。私自身は、四国・長宗我部《ちょうそかべ》問題での信長との確執、もしくは単にノイローゼだったと思っています。あまりに厳しい上司《じょうし》・織田信長に対して、ちょっと頭がおかしくなったのだろうと。

それはともかく、この一件により、織田家の天下は足軽《あしがる》から大名に上り詰めた豊臣秀吉《とよとみひでよし》のものになります。その一部始終を間近で見ていたのが、徳川家康です。本能寺の変の際には近くの堺《さかい》にいて、命からがら浜松に逃げ帰った。その後の天下取りでも、秀吉の後塵《こうじん》を拝した。

そういう経験があるから、自分が天下人になったとき、まず考えたのは光秀や秀吉のような恩知らずな人物が二度と出てこないようにすることだったはずです。そのために、さまざまな手を打ちました。教科書に載っているのは、例えば参勤交代とか、逆らいそうな大名の取り潰《つぶ》しとか、大名の正妻および嫡子《ちゃくし》を江戸に人質に取ることとかでしょう。

ところが、**これらよりもはるかに重要でありながら、見落とされている政策があります。それが「朱子学」の導入です。**

家康は「日本人にはモラルがない」ということを嘆いていた。ならば外国から輸入するしかないと考えるんです。当時の日本にとって「外国」と言えば、西洋諸国と中国しかありません。そこで家康は、中国から入ってきた朱子学を選択するわけです。

朱子学が学問として日本に入ってきたのは意外に古く、鎌倉《かまくら》時代の中ごろです。有名な楠木正成《くすのきまさしげ》も、その学徒の一人でした。

そもそも武士というのは、基本的に鎌倉殿《どの》、つまり将軍に仕《つか》えるものです。平安時代にも坂上田村麻呂《さかのうえのたむらまろ》で知られる征夷大将軍という職がありましたが、それは朝廷の官職であり、武士の棟梁《とうりょう》という意味はなかったのです。

しかし鎌倉時代、武士に担ぎ上げられた源頼朝《みなもとのよりとも》が、ブレーンの大江広元《おおえのひろもと》などと組んで、統治のための仕組みを編み出します。武士団の棟梁が朝廷・天皇から征夷大将軍に任命され、軍事政権としての幕府を樹立してこの国を治めることにしたのです。それ以降、武士たる者は将軍に必ず従うべしというのが、日本の道徳になりました。

ところが楠木正成は、武士でありながら、南北朝時代の後醍醐《ごだいご》天皇に徹底的に忠誠を尽くします。**その思想・行動の根拠となったのが、朱子学だった**と言われているのです。この一件は、徳川幕府の命運を左右する大問題を孕《はら》んでいるのですが、ここでは伏せておきます。

家康はそれを知ってか知らずか、まず朱子学の根本である「忠」と「孝」に着目します。これは儒教をベースにした考え方で、「忠」は主君に対する誠実さ、主君を敬《うやま》い、仕えること。「孝」は親に対する忠誠ということです。まさに家康にとって望みどおりの道徳が含まれていたわけです。

そこで家康は、これを武士の道徳の基本に据《す》えようと考えます。**「忠」「孝」の精神を常識として定着させれば、主君である徳川家の将軍に反乱を起こそうなどとは考えないはず、というわけです。**

これを、各藩の大名たちも見習います。なぜなら大名にとっても、自分の家老が光秀や秀吉になっては困るからです。こうして江戸時代の中ごろまでに、日本全国の武士は朱子学に染まっていったのです。

◈朱子学に翻弄《ほんろう》された江戸時代

ところが、そこに大きな誤算がありました。家康の目論見《もくろみ》どおり朱子学は浸透したのですが、それがかえって**国家としての成長を妨げ、人々を貧《まず》しくし、外国との文明の差を開かせ、最終的には幕府を倒す原動力にもなってしまった**のです。

詳細は以下の章に譲りますが、いずれにせよ、重要なのは、朱子学を理解しなければ、江戸時代はわからないということです。

概《がい》して日本史というと、事実の羅列になりがちです。何年何月にどんな事件があった、こんな出来事があった。それだけなのです。なぜそうなったかという問題意識が足りない。せいぜい、時の権力者がこんな決断をしたとか、誰かが誰かに恨《うら》みを抱いていたとか、その程度で終わっているのではないでしょうか。

重要なのはその先、なぜその権力者がそういう決断をしたのか、なぜ恨むようになったのか、その思想的理由を探ることです。それがわからなければ、真の歴史を知ることはできません。

世界史の場合には、このあたりがはっきりしています。例えば中東史を知りたければ、まずイスラム教の基本知識を身につけます。ヨーロッパ史を知りたければ、もちろんキリスト教の歴史や知識が欠かせません。ところが日本史に関しては、そういう部分が圧倒的に欠けているのです。

私はこれまで多くの著書で、例えば「言霊《ことだま》」や「穢《けが》れ」、あるいは「和《わ》の思想」など日本独自の宗教的・思想的側面を紹介してきました。それらを知らなければ、日本史は読み解けないからです。

そして江戸時代の場合には、「朱子学」こそが欠かすことのできないキーワードなのです。日本人の思想にどんな影響を与え、歴史をどう動かしたのか、関ヶ原の戦いから幕末・明治維新まで一気に駆け抜けながら、朱子学との関わりを学んでいただければと思います。

Point

光秀や秀吉を二度と出現させてはいけない。そのための方法が朱子学の導入だった！

第一章

江戸時代の始まりはまだ「戦国時代」だった！

徳川家康の天下泰平の秘策とは？

家康《いえやす》、最後の秘策①「徳川《とくがわ》家が天下継承者」と宣言する

◆「征夷大将軍」のポストを手に入れる

慶長《けいちょう》五年（一六〇〇）の関ヶ原の戦いの時、徳川家康は還暦寸前でした。また朝廷から征夷大将軍に任ぜられたのが慶長八年（一六〇三）。教科書ではそうサラリと書いてあるだけですが、ここには家康なりの深慮遠謀《しんりょえんぼう》があったのです。

家康の前の天下人である豊臣秀吉《とよとみひでよし》は、征夷大将軍ではなく関白《かんぱく》でした。将軍にはなりたくてもなれなかったのです。

秀吉は、室町《むろまち》幕府最後の将軍である足利義昭《あしかがよしあき》に「養子にしてください」と持ち掛けていますが、断られたという話があります。落ちぶれたとはいえ、源氏の棟梁《とうりょう》で

もあった義昭にもプライドがありましたから。そこで秀吉は将軍を諦《あきら》め、関白になろうとして近衛《このえ》家の養子になるわけです。

実は秀吉が征夷大将軍になれなかった理由は、もう一つあります。家康に戦いで勝っていないことです。征夷大将軍とは、武士の中でもっとも強い存在でなければなりません。ところが秀吉の場合、最終的に外交や謀略で家康を屈服させますが、直接の軍事衝突である小牧《こまき》・長久手《ながくて》の戦いでは敗れています。しかも、有力武将である池田恒興《つねおき》や森長可《ながよし》が討ち取られているのです。こういう歴史的事実がある以上、将軍にはなりにくいわけです。

ちなみに新大阪駅の構内には、秀吉の旗印であるキンキラキンの千成瓢箪《せんなりびょうたん》が飾ってありますね。あれは、戦《いくさ》に勝つごとに瓢箪を一個ずつ増やしていった結果、あんな姿になったそうです。**秀吉は戦でほとんど負けたことはないのですが、家康にだけは勝てなかった。だから将軍になれなかった**のでしょう。

逆に言うと、家康は将軍になりやすかった。加えて、もともと源氏ではなかったようなのですが、若かりしころに源氏に変わった経緯があります。徳川家は以前、松平《まつだいら》姓でしたが、一時は賀茂《かも》氏を名乗っていました。これは賀茂神社で知られるように神官《しんかん》の家柄で、紋所《もんどころ》は葵です。徳川家の有名な「三つ葉葵」の家紋は、これがベースになっているわけです。

まだ信長《のぶなが》の同盟者だったころ、松平姓だった家康は、朝廷に系図を差し出しながら「私の先祖に得川《とくがわ》という者がおりました」と説明します。その上で、「一時は賀茂氏を名乗っていましたが、得川は源氏だったので、源氏に戻りたい。ついては姓を徳川にしたい」と申し出て認められるのです。

見方を変えれば、これは朝廷が家康を源氏と認めたということです。当時、まだ家康に天下を取ろうという発想はなかったと思います。しかし、自分を名門出身にしたいという欲望はあった。それが将来に生きてきたわけです。

関ヶ原の戦いに勝ち、武士の第一人者となった家康は、朝廷から征夷大将軍に任じられます。もちろん金も使ったでしょうし、脅《おど》しもしたでしょうが、朝廷に拒否する理由はなかったはずです。

◆秀忠《ひでただ》に将軍職を譲って世襲化する

家康は慶長十年（一六〇五）に将軍の座を息子の秀忠に譲り、「今後、将軍職は徳川家の子孫が受け継《つ》いでいくもの」と決めます。これは、**豊臣秀吉が自分が生き**

ているうちに関白を甥《おい》の秀次《ひでつぐ》に譲ったことと同じです。

家康には、信康《のぶやす》という長男がいました。ところが、武田家に内通したという疑惑がもとで、若いうちに切腹して果てます。また次男の秀康《ひでやす》は側室の子でした。この側室が実に貞操観念のない女性だったらしく、家康は秀康を自分の子ではないかもしれないと疑っていたそうです。そこで秀康は、早い段階で養子に出されました。

出された先は豊臣家。ただし厳密に言えば、養子ではなく猶子《ゆうし》という扱いでした。養子なら完全に跡《あと》を継げるのですが、猶子の場合は財産・家督《かとく》の相続権がないのです。

しかし秀吉は、秀康を喜んで受け入れました。信康亡き後、家康の事実上の長男だったからです。だから自分の名（羽柴）を与え、家康から一字を借りて「秀康」と命名して優遇したと言われています。

また秀康も、秀吉の息子の秀頼《ひでより》を弟のように思っていた。一方で、家康に対してはいい感情を持っていなかったようです。信康亡き後、自分が最年長の子供でありながら外に出されたわけですから、これは当然かもしれません。

しかし秀吉が亡くなると、彼は行き場を失います。一時は関東の名門大名である結城《ゆうき》家に引き取られ、結城秀康と名乗っていましたが、その後、家康によって越前《えちぜん》へ移されます。以降、子孫も含めて松平姓を名乗ることになりました。

そして家康の三男が、二代将軍となる秀忠です。秀忠も側室の子でしたが、長男が切腹に追い込まれ、次男が他家に出されたため、自動的に繰り上げで大役が回ってきたわけです。

彼の幼名は「竹千代《たけちよ》」でした。これは松平家が代々長男に付ける名前です。彼は長男ではありませんが、上の二人が早々にいなくなったことにより、長男のような扱いで育てられたわけです。

その秀忠が成人したころ、世の中はまだ秀吉の天下でした。秀吉は、秀忠を取り込もうと画策《かくさく》します。それが江《ごう》との縁組です。

浅井長政《あざいながまさ》と信長の妹お市《いち》の方の間には、有名な三姉妹がいました。長女が淀君《よどぎみ》となる茶々《ちゃちゃ》で、三女が大河ドラマの主人公にもなった江です。江はそれまでに二度結婚していますが、夫に先立たれるなどうまくいかなかったものの、まだ若かったので、秀吉は有力大名だった家康の跡継ぎである秀忠に嫁《とつ》がせるわけです。正夫人となった江は、後《のち》に三代将軍となる家光《いえみつ》を産むことになります。

ただし、秀忠は戦《いくさ》が得意ではなかった。肝心要《かなめ》の関ヶ原の戦いに遅刻した話は有名でしょう。信州上田《うえだ》城で、真田昌幸《さなだまさゆき》・信繁《のぶしげ》（幸村《ゆきむら》）親子の挑発に遭《あ》い、三万八〇

●徳川家系図

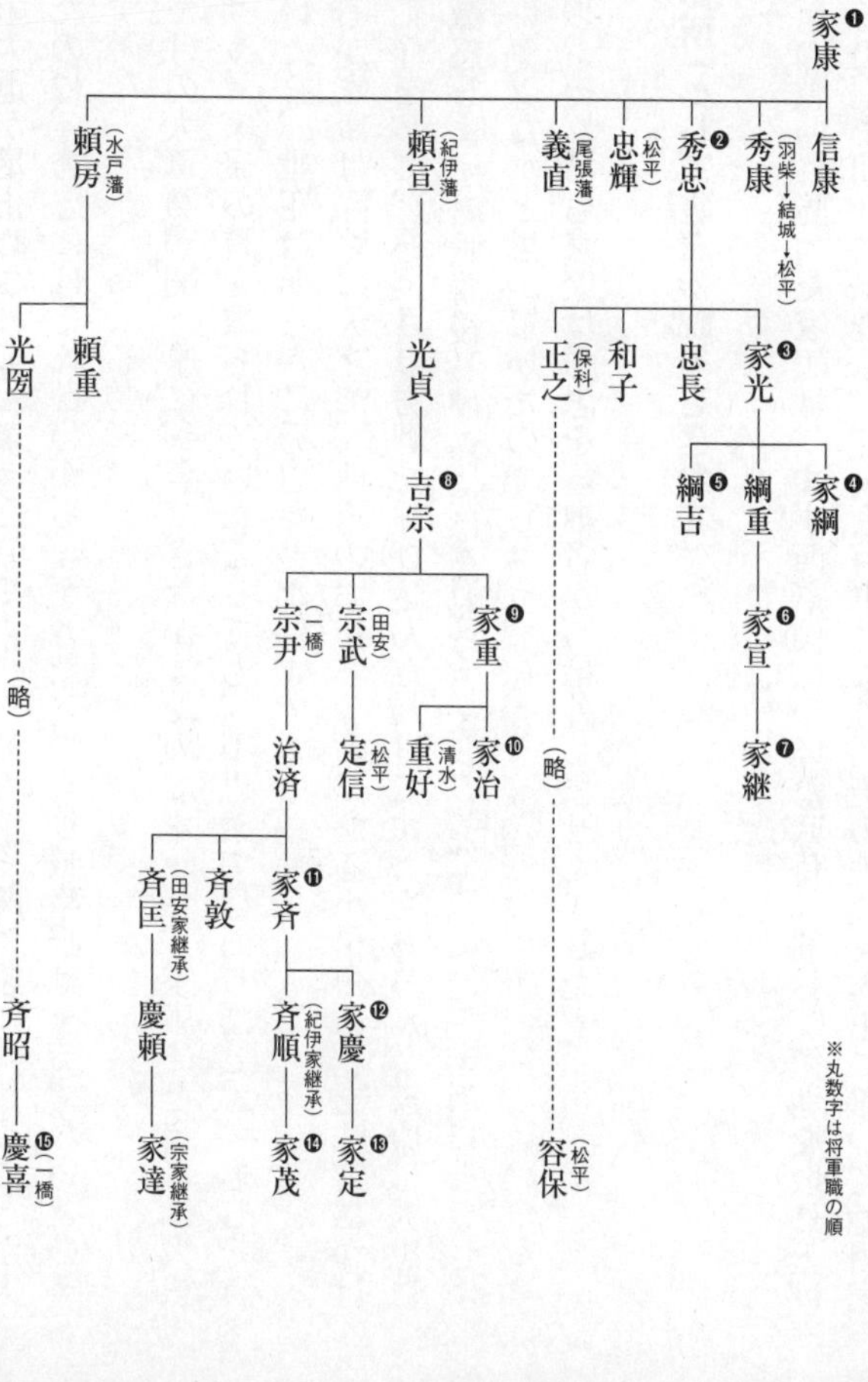
家康❶
信康
秀康（羽柴→結城→松平）
秀忠❷
忠輝（松平）
義直（尾張藩）
頼宣（紀伊藩）
頼房（水戸藩）
家光❸
忠長
和子
正之（保科）
家綱❹
綱重
綱吉❺
家宣❻
家継❼
光貞
吉宗❽
家重❾
宗武（田安）
宗尹（一橋）
家治❿
重好（清水）
定信（松平）
治済
家斉⓫
斉敦
斉匡（田安家継承）
家慶⓬
斉順（紀伊家継承）
慶頼
家定⓭
家茂⓮
家達（宗家継承）
頼重
光圀
（略）
斉昭
慶喜⓯（一橋）
（略）
容保（松平）
※丸数字は将軍職の順

〇〇もの大軍が足止めされてしまったのです。一刻も早く関ヶ原に向かうことが大事だったのに、秀忠にはそれがわからなかった。つまり戦略眼はまるでないということです。

これだけの大軍勢が関ヶ原に到着できなかったのですから、家康にとっては大誤算でしょう。家康の首を取られていたとしても、不思議ではありません。もしそうなっていたら、戦犯は明らかに秀忠だったはずです。

ところが家康は謀略の天才で、西軍のお坊ちゃんである小早川秀秋《こばやかわひであき》を味方につける政治工作をして、あっさり勝利を呼び込んだわけです。もちろん、家康は秀忠に対して激怒します。戦勝後しばらくは会おうとすらしなかった。「本当にどうしようもないヤツだ」と思っていたのでしょう。

しかし、それでも家康は秀忠を後継者からは外しませんでした。

◆「大御所《おおごしょ》」として駿府《すんぷ》で睨《にら》みをきかす

関ヶ原の戦いに勝った家康は、まず西軍側についた武将を罰し、領地を取り上げます。その上で朝廷に工作して征夷大将軍になり、その地位を秀忠に譲って徳川家の子孫が代々受け継ぐ道筋をつけた。つまり、まだ**大坂城にいた豊臣秀頼や豊臣恩顧の大名たちに対し、「豊臣家の出番はないんだぞ」ということを示した**わけです。

ただ家康は、完全に引退したわけではありません。「大御所」として君臨することになります。大御所とは将軍を辞めて隠居した人を指す呼称で、以前からありましたが、家康以降に定着していきます。

家康の役割は、将軍秀忠の監督です。ただ秀忠は戦争こそ下手でしたが、政治家としてはなかなか優秀でした。法律を整えたり、それに合わせて国家を運営したりすることはけっこう得意だったのです。家康はそれを見越して、秀忠を後継者から外さなかったのでしょう。

ちなみに家康は、将軍職とともに江戸城主の座も秀忠に譲ります。本人は、かつて今川義元《よしもと》の人質となっていた駿府、つまり現在の静岡市にある城に移り、そこを本拠としました。それが駿府城です。

静岡は、ちょうど東京と名古屋の中間点にあります。大坂でも、江戸でも、何か異変があれば比較的短時間で駆けつけることができる。なかなか絶妙な位置に居を構えたと言えるでしょう。

◆御三家《ごさんけ》を創設して家系存続を図る

家康の子供は三人だけではありません。複数の女性に計一一人の男子を産ませています。この豊富な子供を利用して創設したのが、尾張《おわり》家、紀伊《きい》家、水戸《みと》家のいわゆる御三家です。万一、徳川本家の跡取りが絶えた場合、この御三家から跡取りを迎えられるようにしたわけです。これは皇室の宮家を見習ったのでしょう。

天皇の嫡出《ちゃくしゅつ》の男子、またその男子の男の子供のことを親王《しんのう》と言います。つまり、天皇を継げる子供を意味します。宮家は分家ですが、本家と同じく男子は親王になれます。複数の宮家から複数の親王を確保することにより、天皇家は血筋を絶やさずに来たわけです。徳川家による長期安定政権を目指す家康が、これを参考にしない手はないと思います。

ところが、実はこの点について言及した記録はありません。だから頭の固い学者ほど、「史料がないからこんな意図があったかどうか断言できない」と言います。

しかし私は、記録がないのは当然だと考えています。**日本人には「言霊《ことだま》」という考え方があり、縁起の悪いことは言ってはならないし、書いてはならないからで**

す。これがイギリスなら、そんなことは考えません。もし中央の王家に人が絶えたら、第一継承者は何々公爵の家、第二継承者は何々伯爵の家、といった具合に明確に順番を決めているんです。

ところが、日本ではそういうことを絶対に書かない。だから、後になって揉《も》めるわけです。例えば徳川家の場合も、七代将軍家継《いえつぐ》が早世《そうせい》して跡継ぎがいなかったため、八代将軍の人選で紀州徳川家と尾張徳川家がさんざん揉めます。結局、紀州徳川家から吉宗《よしむね》が就任するわけですが、相続ルールが明確ではないので揉めるのは当然でしょう。

あるいは幕末にも揉めています。一四代将軍の座をめぐり、紀州徳川家の慶福《よしとみ》（後の家茂《いえもち》）と水戸徳川家出身の一橋慶喜《ひとつばしよしのぶ》とが争うわけです。これも同じ構図です。しかしこういう経緯からも、家康が家系存続のための保険として御三家を創設したことは明らかでしょう。

◆「東照大権現《とうしょうだいごんげん》」という神になる

権力とは、単純に軍事力だけで維持できるものではありません。何らかの権威が必要です。その一つが征夷大将軍という地位だったわけですが、家康はそれだけでは心許《こころもと》ないと考えます。

そこで次に考えたのが、**「東照大権現」という神様になること。もし反乱を起こせば、それは神に歯向かうことになるからです。**

当初はその称号について、家康も複数のブレーンも「大明神《だいみょうじん》」を想定していたという説があります。しかし切れ者のブレーンである南光坊天海《なんこうぼうてんかい》はそれに反対。「豊国《ほうこく》大明神となった秀吉は子孫が途絶えた」というのが理由です。それに「大明神」と称する人は、過去にも多くいました。それらと区別したほうがいいというのも、大きな理由だったと思います。

代わりに天海が持ち出したのが、「大権現」だったわけです。そもそも家康は人間ではなく神様であり、乱世で苦しんでいる人々を救うために、一時的に人間の形になってこの世に現れた。それが「権現」の意味です。

その権現様が、人間界でのさまざまな苦労の末に天下統一を成し遂げ、この世に子孫を残してあの世に帰られた。だから、神様としてお祀《まつ》りしようというわけです。さらに、これまでは日《ひ》ノ本《もと》という国は天照大神（アマテラスオオミカミ）の子孫である天皇が治める国だったが、これからは**東照（アズマテラス）大権現の子孫**

である徳川将軍家が治めていく国になる。そんなストーリーを喧伝《けんでん》したわけです。

ただし空想ですが、もしこれを織田信長が見ていたら、さぞかし不満を漏らしただろうと思います。というのも、「東照大権現」という称号を、家康は朝廷からもらっているのです。ということは、大枠で言えば天皇家が信仰する神道《しんとう》の中に組み込まれたことを意味します。

それに対して信長は、神道の枠を超え、まったく新しい神様になろうとして挫折した人物でしょう。もし家康と対面する場面があったとしたら、「俺は天皇を超えるために一からがんばったのに、お前は結局、朝廷から神様の名前をもらっただけじゃないか。それなら天皇と対等になっただけではないか」と文句を言っていたと思うのです。

しかし家康にしてみれば、信長が生きているころは天皇を超える準備などしていないわけです。だから十分な準備期間がなかった。しかし、信長の失敗を見つつ、神になるというアイデア自体は悪くないと思い立つ。そこで、朝廷から認められる形での神を目指しました。その結果、**家康は信長が失敗した自己神格化に成功する**わけです。

◈三代将軍を家光で押し切る

秀忠と江の間には二人の男子がいました。兄の竹千代、後の家光と、弟の国松《くにまつ》、後の忠長《ただなが》です。

秀忠と江は、竹千代ではなく国松を偏愛しました。なぜなら竹千代が病弱だったからだと言います。吃音《きつおん》があることを悲観したからだとも言われています。一方で国松は養育係が付く長男と違って江自ら側《そば》で育てた子でもあったので、よりかわいく思える次男に将来を託そうと考えたわけです。

ところが、家康がそれを許しません。駿府城から江戸城に駆けつけると、秀忠を叱りつけます。「兄のほうを大切にしろ」と厳命したのです。

ここが家康のすごいところです。家康は戦国時代の最後の旗手として、いかに戦国の世を終わらせるかを真剣に考えていた。なぜ戦乱が生じるかと言えば、それは大名が覇権を狙《ねら》うからです。ならば**大名の身分を固定して、将軍に取って代われる可能性をゼロにしてしまえばいい**と考えるわけです。

家康は歴史に造詣《ぞうけい》が深く、室町時代に戦乱が絶えなかった原因の一つは、長男が必ず跡を継ぐと決まっていなかったことにあると気づきます。だから**実力のある者が上に立とうとして、対立が生じる。それを避けて平和な時代をつくるには、秩序を重んじる世の中にしなければならない**と考えます。そこで、「跡継ぎは必ず長男」というルールを定めたのです。極端な話、たとえ次男・三男より長男がバカだったとしても、跡継ぎは長男。その範を天下に示す意味でも、秀忠に対して跡継ぎは竹千代にしろと厳命したわけです。

かくして三代将軍には家光が就任します。家光は知能に問題があったわけではなく、むしろ将軍としてなかなか優秀でした。

そんな経緯があるせいか、家光は家康を大事に思い、父親の秀忠のことを快く思っていなかった。それを如実に示しているのが、彼が建てた日光東照宮です。

家康は元和《げんな》二年（一六一六）に駿府城で亡くなります。当初は、その隣にある久《く》能山《のうざん》に葬《ほうむ》られました。現在もそこには久能山東照宮があります。しかし家康は用意周到な人物で、しばらく久能山に葬った後は日光に移せと指示していました。関八《かんはっ》州《しゅう》の鎮守《ちんじゅ》（守護神《しゅご》）として、自分を神として奉《たてまつ》れと遺言していたのです。

そこで日光に東照宮が造られるわけですが、当初は大した建物ではありませんでした。それを今日《こんにち》のような、陽明《ようめい》門に代表される江戸時代の美術の粋《すい》を集めた豪華な建造物に建て替えたのが、家光です。

しかも、そのこだわりぶりがすごい。当然ながら五六万八〇〇〇両余という莫大《ばくだい》な経費がかかったわけですが、その全額を幕府が負担した。造営期間中には、石灯《いしどう》籠《ろう》一基すら諸大名から献納させなかったそうです。

家康がつくったルールに従うなら、公共工事はできるだけ気に入らない大名に押しつけ、幕府の負担減と大名の財力消耗を図るのがふつうでした。このルールは江戸時代を通じて受け継がれます。ところが、その家康を尊敬していたはずの家光が、日光東照宮の造営についてはそのルールを完全に無視したわけです。

さらに家光は、自らの死後の戒名を「大猷院《たいゆういん》」と定め、家康に仕《つか》えるべく、やはり日光山《にっこうざん》に葬るよう遺言します。それに従って建てられたのが、今日もある大猷院(家光の廟所《びょうしょ》)です。日光東照宮のミニチュア版とも言うべき、華麗な神社とお寺の折衷《せっちゅう》建築のような建物です。

では秀忠の墓はどこにあるかというと、増上寺《ぞうじょうじ》にあります。家康と違い、歴代の徳川将軍は人間なので、増上寺か寛永寺《かんえいじ》のいずれかに埋葬されています。増上寺は浄土《じょうど》宗で、寛永寺は天台《てんだい》宗です。

徳川家はもともと浄土宗でしたが、天下を取ったことにより、天下人の宗教であ

大猷院　日光山輪王寺にある３代将軍家光の霊廟（墓所）。大猷院とは、家光の法号のことで、４代将軍家綱によって建造された。心から尊敬していた祖父・家康を凌いではならないという遺言により豪華さは控えめに、重厚で落ち着いた造りになっている。建物は東照宮に向いて建っている（写真提供：日光山輪王寺）。

る天台宗も信仰しなければいけないことになりました。京都の鬼門、丑寅《うしとら》（東北）の方角に建っている比《ひ》叡山延暦寺《えいざんえんりやくじ》が、天台宗の総本山《そうほんざん》です。「延暦」とは年号です。年号は天皇が定めるものなので、年号を名称にした寺は非常に格式が高いということです。

江戸幕府はそれを見習い、家光が江戸の東北の方角である上野台地に東叡山《とうえいざん》（東の比叡山）寛永寺を建《こん》立《りゅう》します。もちろん、「寛永」も年号です。だから徳川家としては、二つの宗教を持っていたわけです。プライベート的には増上寺、公的には寛永寺が菩提寺《ぼだいじ》だったと言えるでしょう。

ところが、**家光だけは例外で日光に祀られた。神様にはなっていませんが、それほど家康のそばにいたいという思いが強かった**わけです。

Point

もし大名が反乱を起こせば、それは神への反乱となった！

家康、最後の秘策②
大名の力を徹底的に削ぐ

◈権力と財力を分離する

江戸時代は、幕府と各藩によって成り立っていました。これを幕藩体制と言います。だから江戸時代を知るには、幕府の政治のみならず、各藩の事情や歴史にも視野を広げる必要があります。

一般に「三百諸侯」という言い方がされますが、実際の大名はそれほど多くありません。せいぜい二五〇前後です。その中には、途中で取り潰《つぶ》された藩もあれば、逆に新たに取り立てられ、大名になった人物もいます。「田沼《たぬま》政治」で有名な田沼意次《おきつぐ》などはその典型で、彼の祖父は足軽《あしがる》だったとも言われていますが、後に大名に成り上がるわけです。

そもそも室町幕府が弱体化して戦国時代を生んだ大きな要因は、山名氏や細川《ほそかわ》氏のような大大名が権力と財力の両方を持ってしまったからです。そこで家康は、石《こく》高《だか》の大きい外様《とざま》大名をけっして幕府政治に参加させなかった。また、同じく石高の大きい徳川宗家《そうけ》の子弟で大名となった親藩《しんぱん》、つまり尾張、紀伊、水戸の御三家と越前、会津《あいづ》の二つの松平家も、老中《ろうじゅう》にはしないというルールを決めました。

では誰を老中に迎えるのかと言えば、譜代《ふだい》大名です。ただしその石高は、せいぜい一〇万石ほどでした。譜代大名とは関ヶ原の戦い以前に徳川家の家臣であった大名たちのことで、阿部、酒井、本多《ほんだ》、大久保、井伊《いい》などがあります。

つまり、**外様大名や親藩には多くの石高を与える代わりに、政治権力は与えない。譜代大名には政治に参加するチャンスを与えるが、石高は抑える。こうして力のバランスをとった**わけです。このルールは幕末に崩れますが、基本的にずっと踏襲されます。

あるいは参勤交代も有名でしょう。大名はだいたい一年ごとに、国元と江戸を行き来する。江戸で一年間を過ごしたら、国元に戻って一年間を過ごし、また江戸へ出てくる。これをずっと繰り返すわけです。つまり東京事務所のようなものが必要なわけで、それが上屋敷《かみやしき》・下屋敷《しもやしき》と呼ばれるものです。

大名は基本的に軍団長であり、その地域を守る責任を負っています。だから参勤交代の道中で宿泊する場所は、旅籠《はたご》とは呼ばずに本陣《ほんじん》と呼ぶ。あくまでも軍団の移動だったわけです。

それに軍団だから帯刀《たいとう》し、足軽などは槍《やり》を持っていた。ちなみにこの槍は足軽自身のものではなく、大名のものを代わりに持っているという体裁です。大名行列の先頭は大身《おおみ》の槍で、さながらシンボルのような存在でした。ただし飛び道具の携帯はダメ。鉄砲や弓矢を持って江戸には入れないルールでした。

◆大名の正夫人を人質に取る

大名の正夫人をはじめ親族を江戸に住まわせるというルールも生まれます。いわば人質に取るわけですが、その先駆となったのが加賀《かが》藩の前田家です。前田家は、家康に取り潰されることを恐れていました。何しろ慶長三年（一五九八）に秀吉が亡くなる間際、「家康を抑えてくれ。頼むぞ」と頼んだ相手が前田利家《としいえ》です。ところが利家も、翌慶長四年（一五九九）に後を追うように亡くなってしまう。

そこで前田家はサラリと方向転換します。利家の夫人のまつがそう仕向けたという話もありますが、家康に徹底恭順《きょうじゅん》の姿勢を示すのです。これからは徳川の世だ、秀吉の義理を果たしている場合ではない、といったところでしょう。そして**まつ自身が、家康の要求に応じて江戸に上り、人質になります。大名が幕府に差し出す人質第一号です。**

以降、徳川家に従う大名は、次々と江戸に人質を置くようになります。家康はそれを「武家諸法度《ぶけしょはっと》」に定めました。家康が定めた徳川幕府の憲法のようなものですが、後に大名の正夫人と嫡子《ちゃくし》、つまり跡継ぎはずっと江戸に住むように定められました。当初は大名のみならず、筆頭家老あたりの妻子まで江戸に住むことを義務づけていました。これは後に緩和されましたが。

ということは、江戸時代の〝若君〟は、基本的に江戸生まれということになります。しかも家督を継いで参勤交代するようになるまで、自分の国元を見ることもできません。

まして正夫人については、基本的に永久に江戸住まいです。大名が隠居すれば、正夫人もリタイアするので自由に動けますが、正夫人である間は動けないのです。

これを大名の目線で見ると、国元で生活している間は正夫人がいないということ

参勤交代　長州藩の13代藩主毛利敬親の参勤交代行列。約1000人が江戸高輪付近を通る様子を描いている錦絵（楊洲周延・作「温故東の花第四篇旧諸侯参勤御入府之図」、国立国会図書館蔵）。

です。そこで国元では側室を置いて城内に住まわせる。いわゆる大奥で、その仕切り自体を側室筆頭に任せるのです。その女性のことを「御国御前《おくにごぜん》」と言います。

当然、側室にも子供が生まれるわけですが、その子供は国元で育てられるため、江戸を知りません。逆に正室の子供は、江戸のことはよく知っていても、国元のことは知らない。こういう不思議な構造が、江戸時代には常識だったのです。

さらにもう一つ、大名にとって大きな負担になったのが「お手伝い」です。これは、本来幕府がやるべき公共工事を各藩に負わせることを指します。有名なのが、御三家の一つである尾張徳川家の領地を流れる木曽川《きそがわ》・長良川《ながらがわ》・揖斐川《いびがわ》の治水工事を、薩摩《さつま》藩に命じたことでしょう。

単に重労働を強《し》いただけではなく、わざわざ人を雇って工事中の堤防を夜間に破壊するような邪魔もしたと言われています。もちろん薩摩藩は抗議しますが、幕府は「それは川の流れが壊したんだ」と取り合わず、何度もやり直しを命じたりしました。

結局、薩摩藩は何百万両の借金を背負いながらこの事業を成し遂げますが、責任者の家老・平田靱負《ひらたゆきえ》はその散財の責任を取って切腹します。こういう理不尽な悲劇も生んでいたわけです。

ちなみに岐阜《ぎふ》県海津《かいづ》市の木曽三川《さんせん》（木曽川・長良川・揖斐川）のほとりには、今も平田靱負と工事により亡くなった薩摩藩士の霊を祀った治水神社があります。

◈乱立する城を「一国一城」にする

将軍直属の家来として、旗本《はたもと》がいました。彼らの石高は一万石未満、実際にはトップで八〇〇〇石ぐらいです。

彼らは主に江戸城下に住むわけですが、中には地方に赴任する者もいました。日光奉行、奈良奉行、佐渡奉行、長崎奉行などです。これらは幕府の直轄地なので、中央から旗本が奉行として派遣されるわけです。彼らは優秀とされていたので、中には石高も一万石以上、大名に抜擢された例もあります。

とりわけ有名なのが、江戸町奉行の大岡越前守忠相《おおおかえちぜんのかみただすけ》でしょう。彼はもともと旗本でしたが、町奉行として優秀だったため、寺社奉行に抜擢されます。寺社奉行は格が高く、大名が就《つ》く役職です。つまり彼は大名に取り立てられたわけで、石高は一万石になりました。

大名になるとは、基本的に領地をもらうことを意味します。旗本も領地をもらいますが、場所は関東近辺の村だったりします。それに対して大名となると、江戸を離れて広大な一国を得ることになります。そこに城を築いて、大名らしくなるわけです。

ただし、ここにも家康によって規制が敷かれます。かつて城と言えば、到るところにありました。戦国時代の武者が「俺も一国一城の主《あるじ》になるぞ」と決意表明するのはフィクションで、一国内にも多数あったのです。

そのことは、例えば黒澤明監督の映画『乱』を見てもわかります。まず当主のいる城があり、長男、次男、三男がそれぞれ城を持っていた。これが史実です。当時は戦国時代なので、敵がどこから攻めてくるかわからない。国境《くにざかい》も一つではない。だから各所に城が必要だったのです。

また城と似て非なるものに砦があります。両者の違いは常駐か否か。城は居住する場所でもありますが、砦にはふだん、番人以外はいません。端的に言えば、大奥や女中を含めて女性がいるのが城、いないのが砦です。

しかし家康は、ここにも規制を敷きます。「一国一城令」を出し、一つの国に一つの城しかあってはならないこととしたのです。**戦国の世は終わったのだから、軍事拠点としての城はいくつもいらないはずという理屈で、今日で言えば軍縮令です。**

ちなみに、大名だからといって、必ずしも城を持っていたわけではありません。諸般の事情によって城を築けなかった大名は、陣屋《じんや》と呼ばれる屋敷に住んでいました。そのほとんどには塀がなく、平屋で、代官所よりやや大きい程度です。

Point

諸大名に義務を負わせることで幕府への求心力は上がっていった！

家康、最後の秘策③ 朱子学《しゅしがく》を導入して「天下への野望」を断つ

◆第二の「本能寺の変」を防ぐ

幕府は大坂の役直後の1615（元和元）年に、大名の居城を一つに限り（一国一城令）、さらに武家諸法度《しょはっと》を制定して大名をきびしく統制した。家康の死後、2代将軍徳川秀忠は、1617（元和3）年に大名・公家・寺社に領知《りょうち》の確認文書を発給し、全国の土地領有者としての地位を明示した。また1619（元和5）年、福島正則を武家諸法度違反で改易《かいえき》するなど、法度を遵守《じゅんしゅ》させるとともに、長く功績のあった外様《とざま》大名をも処分できる将軍の力量を示した。秀忠は1623（元和9）年には、将軍職を徳川家光《いえみつ》にゆずり、大御所として

幕府権力の基礎固めをおこなった。

（『詳説日本史 改訂版』山川出版社）

高校の歴史教科書に書かれているとおり、ここまで一国一城令、武家諸法度、将軍職の世襲化など、家康の天下泰平の政策を挙げてきました。しかし、**もっとも重要な政策が抜け落ちています。中国の朱子学の導入です。おそらくこれが、江戸時代と徳川幕府に最大の影響を与えたもの**だと思います。

家康は、明智光秀《あけちみつひで》が大恩ある織田信長を暗殺する事態を目《ま》の当たりにしています。しかも、光秀以上に信長に大恩あるはずの秀吉は、信長の息子たちをあっさり裏切って天下を奪っている。また家康自身、秀吉の家臣だったにもかかわらず、豊臣家から天下を奪った上に秀吉の息子秀頼をも殺しました。

だとすれば、今度は自分の家来が徳川家を乗っ取ろう、潰そうと画策しないとも限りません。いくら「神様」になったからといっても、不安は拭《ぬぐ》えないわけです。

ではなぜ、こうも簡単に人を裏切るのか。それは日本人にモラルが足りないから。ならば外国からモラルを輸入すべきだ。家康はそう考えます。当時の外国のモラルと言えば、選択肢は二つしかありません。西洋のキリスト教か、中国の儒教かです。しかしキリスト教となると、神の下の平等ということになってしまうので都合が悪い。実際、家康の存命中ではありませんが、寛永十四年（一六三七）には島《しま》原《ばら》の乱も起きています。

それに、インカ帝国が滅ぼされたように、西洋は南米を次々と征服した上、住民をキリスト教に改宗させた経緯があります。その事実は、おそらく家康の耳にも届いていたでしょう。

そこで、もう一つのモラルであり、日本にとっても昔から馴染みのある儒教の一派である朱子学を導入することに決めたのです。朱子学とは、一言で言えば、主君に対する忠義を格別に重んじる学問であり哲学です。**これを武士の基本教養にすれば、徳川家に対して反乱を起こそうなどと不埒《ふらち》なことを考える武士は根絶されるだろう**と考えたわけです。

また、各大名もこれを見習いました。前にも述べたように、たしかに大名にとっても、家老が光秀や秀吉になってしまっては困るからです。これにより、やがて**武士という武士は朱子学を学ぶようになりました。武士イコール朱子学徒というのが、江戸時代中期以降の日本の姿なのです。**

そもそも儒教とは、紀元前に孔子《こうし》（本名は孔丘《こうきゅう》）が創始した、忠と孝を重んじる中国伝統の考え方です。つまり、主君に対する忠誠と親に対する孝行という、二つの道徳を基本として広げていこうというわけです。

例えば、「親分」「子分」という言葉があります。実際の親子関係ではありませんが、親子のように接するという意味になります。親分は本来、主君ですが、子分は親分を親のように大切にする。子分は本来、部下ですが、親分は子分を我が子のように大切にする。要するに、忠孝を一致させているわけです。これが儒教の原点ですが、宋《そう》の時代にはよかれ悪しかれ洗練されて、朱子学が生まれた。これは朱熹《しゅき》という人物が、それまでの儒教を整理し、ある意味で厳格化したものです。「朱先生の学問」という意味で「朱子学」なのです。

日本にも、朱子学は鎌倉時代から細々と伝わっていました。それを家康は大々的に普及させたわけですが、そこで活躍したのが儒学者の林羅山《はやしらざん》です。彼の営んでいた私塾が、後に湯島《ゆしま》に移り、昌平坂《しょうへいざか》学問所の開設につながったことは有名でしょう。

だいたい家康は、ブレーンを使うのが天才的にうまい。これが信長との大きな違いです。信長は自分のことを天才だと思っているから、あまり人に頼ろうとしません。しかし家康は、周囲の天才を活用しました。前に述べたとおり「東照大権現」

については南光坊天海のアイデアが活かされたように、朱子学については林羅山と組んだわけです。

◆「士農工商」の身分秩序はこうして生まれた

朱子学には、それまでの孔子・孟子《もうし》の儒教にはなかった新しい概念がいくつかあります。**その一つが身分秩序、いわゆる士農工商です。これが、朱子学のもっとも根本の秩序でした。**

ちなみに、明治時代に入ると、新政府は「四民《しみん》平等」をスローガンに掲げました。これはしばしば「市民平等」と勘違いされるのですが、「市民」はもともと平等です。新政府が訴えたのは「四民」であり、つまりは士・農・工・商の差をなくそうということだったわけです。

それはともかく、このうち「士」とは社会のエリートを指します。一般には武士のことだとされていますが、厳密には官僚や、朱子学をきちんと身につけている学者のみが「士」なのです。そういう人々は官僚にもなれるので「士」は「官」と同じ意味になります。

一方、「農」「工」「商」は「民」ですが、そこに身分差があるというのが一つのポイントです。なぜ差があるのか。それは中国に昔からある以下のような考え方に基づいています。

そもそも農業は、国家の基本である。なぜなら、人間の生活にとってもっとも大切な食糧を生産するから。これがなければ国は保《も》たない。そんな農業に従事する農民は、士ほどではないにせよ、尊重されなければならないというわけです。

次の「工」は、衣食住から食を抜いたすべてをつくり出す職業。建物にせよ、衣服にせよ、やはり人間生活には欠かせない。だから農業の次に尊重されるべきというわけです。要するに、**農と工を合わせて「ものづくり」が大切という意識なのです。**

ところが「商」は、何もつくっていない。人が懸命につくったものを右から左に流したり、あるいは叩き売ったりして利益を得ているだけ。だから**商売というのは、朱子学によれば「下劣な人間のやる仕事」という認識なのです。**

もともと日本には、こういう考え方はありませんでした。むしろ、商売によって儲《もう》けた権力者が多数いたほどです。その最たる例が平清盛《たいらのきよもり》でしょう。中国との貿易で儲けたお金で、平家の遺産と言うべき安芸《あき》の宮島《みやじま》・厳島《いつくしま》神社を建てたのです。

室町幕府の三代将軍足利義満《よしみつ》も、たいへんな資産家でした。だからこそ金閣寺をはじめ、多くのものを残すことができたわけです。

さらには信長・秀吉・家康の戦国三英傑も同様。特に家康には、ヤン・ヨーステンというオランダ人や、ウィリアム・アダムズというイギリス人の貿易顧問がいました。家康は海外とおおいに貿易をしようと画策していたのです。

実際、家康は当時九州でもっとも大きな貿易港だった平戸《ひらど》にあったイギリス商館に対し、浦賀《うらが》に移転しないかと呼びかけたりしています。この話は実現しなかったし、いつしか忘れ去られてしまいましたが、家康が貿易に意欲的だったことは間違いありません。

ところが、当の家康が朱子学を奨励した結果、江戸時代が深まるにつれて、大多数の武士が「商売は下劣な人間のやる仕事」と考えるようになってしまった。**これは、家康の「想定外」の朱子学による〝副作用〟です。**

もっとも、朱子学の普及によるプラス面もあります。**日本にモラルが確立したことにより、平和な国家になった**ということです。それまでの戦国時代で、国は乱れました。農民の生まれで足軽の秀吉が天下人となること自体、国家としては非常事態です。若者にとってはやりがいがあるでしょうが、それは騒乱が絶えないということでもあるのです。

そういう時代に終止符を打つには、身分を固定して、あらぬ野望を抱けないようにするのが効果的です。将軍になりたければ、将軍家に生まれるしかない。大名も同じ。もともと天皇になるには天皇家に生まれるしかないわけで、それを将軍や大名にまで拡大したわけです。

朱子学は非常に独善的で、自分だけを良しとする傾向があります。これもその一端で、「コップの中の平和」を実現しただけという見方もできます。しかし、おかげでとりあえず、江戸時代を通じて平和が続いたことは間違いありません。

Point

朱子学には、正と負の側面がある。「正」によってようやく平和が訪れた！

第二章

貿易国家への失敗、キリスト教の脅威

なぜ幕府は「鎖国」政策をとったのか？

家康《いえやす》の想定外のつまずき、琉球《りゅうきゅう》貿易は大失敗に終わった

◆琉球の文化は日本と似ていた

前章で述べたとおり、徳川《とくがわ》家康は貿易を大々的にやろうとしていました。特に琉球王国を通じ、中国（当時は明《みん》）との貿易を計画していたのです。

そこでまず、琉球王国の歴史について触れておきます。ずっと独立国家だった琉球王国は、江戸時代に日本の領土になります。ただし、琉球王国という形は残りました。これがややこしいところで、前述の朱子学《しゅしがく》ともおおいに関係しています。「オキナワ」という呼称も昔からあったようですが、中国はここを「琉球」と呼んでいました。そこで琉球の住民自身も「琉球」と名乗るようになりました。

しかし文化的には、日本の神道《しんとう》に似たものがあります。まず言語は、基本的に日本語の琉球方言と言っていい。例えば朝鮮語の場合、言葉の順番や語法は日本語と同じですが、日本人が聞いてもわかりません。琉球方言も本格的に話されるとわかりにくいのですが、発音や文法などは明らかに日本語の一種です。だから文章表記も、昔から平仮名と片仮名を使っていました。**日本語とは文学の伝統もまったく違いますが、文化は日本と非常に近い島だった**のです。

あるいは琉球の歴史書によれば、琉球王国の実質的な創始者の舜天《しゅんてん》は、源平時代に活躍した武将の源為朝《みなもとのためとも》（鎮西八郎《ちんぜいはちろう》）の子であるとされています。これは伝承であって史実ではないようですが、少なくとも琉球の国王の始祖は日本人だったと信じられていたわけです。

また宗教も日本と少し違いますが、いわゆる神道の形式です。もしかしたら日本の古い形が残っているのかもしれません。例えば日本は神社の宮司《ぐうじ》と言えば、今ではたいてい男性です。また、それを補佐する巫女《みこ》は未婚の処女とされている。昨今は若い女性のアルバイト先としても人気のようですが、原則はこうなっています。

ところが沖縄では、神官《しんかん》は基本的に女性です。かつて日本の天皇一族にも、天皇の代わりに伊勢《いせ》神宮で天照大神《あまてらすおおみかみ》に仕《つか》える「斎王《さいおう》」と呼ばれる女性がいました。それとよく似た形式で、例えば国王が位に就《つ》くと、その妹が神官のトップになったりしたのです。

あるいは日本の古神道では、神社ではなく岩を信仰の対象とする「磐座《いわくら》」というものがあります。例えば奈良の大神《おおみわ》神社は、三輪素麺《みわそうめん》で知られる三輪地方の三輪山そのものを御神体《ごしんたい》としています。今でもお参りしたいと申し出れば登ることができますが、その山中に点在しているのが磐座です。磐座を祀《まつ》っている神社は、国内ではきわめて稀少です。

一方、沖縄では岩や山、島などを信仰の対象とすることが盛んで、これを「御《う》嶽《たき》」と言います。磐座と同じように、神様が降りてくる神聖な場所として祀っているのです。

とりわけ第一の御嶽とされているのが、沖縄本島の南城市にある「斎場御嶽《せーふぁあ》」です。ここは神の島と呼ばれる久高島《くだかじま》を臨む場所にあり、沖縄を作った神様が最初に降りてきた琉球開闢《かいびやく》七御嶽の一つです。首里《しゆり》城から王様がここに来て、神を拝するのが年間行事でした。

◆東アジアの「国王」は中国の家臣だった

ところで、東アジア史にとっての「国王」には、イギリスの国王とは違い、特別の意味があります。**国王と名乗る以上、それは中国皇帝の臣下であると認めたことを意味するのです。**中国は時代によって唐だったり、宋《そう》だったり、元《げん》だったり、明だったりしますが、いずれの時代も大国であり、そのトップは「皇帝」と呼ばれていました。

そもそも「中華」とは、「真ん中のいいところ」という意味です。それ以外のところには野蛮《やばん》人が住む。例えば南にいるのが「南蛮《なんばん》人」です。

そんな野蛮人の住む地域にも国家があり、首長がいて、本人またはその使者が中国に貢物《みつぎもの》を持ってくる。これが「朝貢《ちょうこう》」です。「我が国では、こういう物産が取れました。どうぞお納めください。あなたの家来にしてください」と中国にすり寄るわけです。

すると中国皇帝は、「よく来た。褒《ほ》めてとらす」ということで「お前をその地域の国王に任じてやる」となる。アジア各国と中国とは、こういう関係なんです。これを「華夷《かい》秩序」と言います。

ではなぜ、アジア各国は中国に朝貢したのか。実は安全保障だけではないんです。例えば一反《たん》の絹織物を贈ったとすると、中国側は威信を示すために、お返しとしてもっと品質のいい絹織物を何倍も提供してくれたりする。つまり**アジア各国にとってみれば、「海老で鯛を釣る」という効果が期待できたわけです。**

◆貿易の中継点として栄えた琉球王国

話を琉球に戻します。

琉球は日本的文化を持っていましたが、日本のヤマト王権とは別の歩みを続けていました。その中で、特に大きく変化したのが一四二九年。琉球王国が成立したのです。

それまで沖縄本島には、三つの国がありました。北部の北山《ほくざん》、南部の南山《なんざん》、中部の中山《ちゅうざん》です。北山には攀安知《はんあんち》という王、南山には他魯毎《たるみ》という王、中山には尚巴志《しょうはし》という王がいてそれぞれ競っていたのですが、中山王の尚巴志がついに統一を果たすのです。

●琉球の三山時代
伊是名島
伊江島
古宇利島
今帰仁城
屋我地島
北山
水納島
瀬底島
羽地城
名護城
伊波城
座喜味城
安慶名城
宮城島
伊計島
中山
平安座島
北谷城
勝連城
浜比嘉島
中城城
津堅島
浦添城
首里城
島添大里城
豊見城城
糸数城
久高島
佐敷上城
島尻大里城
南山
具志川城

そして、尚巴志以前の王であった中山の察度王《さっとおう》が始めた明との貿易を続けます。ただし明は、これを貿易とは思っていません。先にも述べたとおり朱子学の国であり、「貿易（商売）は下劣な人間のやること」だからです。琉球王国を受け入れたのは、あくまでも貿易ではなく朝貢としてです。琉球王国にとっては、頭さえ下げていれば目も眩《くら》むようなお返しをもらえたので、どんどん朝貢したわけです。

琉球の貿易相手は、明だけではありません。**それ以外の国家とは対等貿易を行うことができました。そこで可能になったのが、中間貿易の拠点として栄えることです。**例えば中国人が大量に欲したのが、火薬の原料になる硫黄《いおう》です。黒色《こくしょく》火薬というのは、木炭《もくたん》と硫黄と硝酸《しょうさん》カリウムで作ります。硝酸カリウムは天然の鉱石からも精製できるし、合成することもできます。また木炭も森林資源があれば作れます。つまり、この二つなら中国は持っているわけです。

ところが、中国に硫黄はない。ほとんど火山がないからです。朝鮮半島もそうですが、要するに温泉がないんです。一方、沖縄にもありませんが、日本は周知のとおり火山国であり、温泉大国です。昨今は中国や韓国から大量の観光客が日本を訪れていますが、その目的の一つは温泉でしょう。

だから九州でもちょっと山に登れば、硫黄がゴロゴロ転がっている。そこで琉球王国の出番です。硫黄を鹿児島から輸入して、明に売りつけて大儲《おおもう》けした。もともと稲作には不向きで食糧生産力が乏しい分、ここに活路を見出《みいだ》したわけです。

時代は下って二〇〇〇年七月、九州・沖縄サミットが開催されたとき、よく「万国津梁《しんりょう》の鐘」が話題に上りました。「津」は海、「梁」は橋を意味します。この名は鐘に刻まれた長い銘文に由来しています。

その中には、例えば以下のような一節があります。

舟楫《しゅうしゅう》を以《もっ》て万国の津梁となし、
異産至宝は十方刹《じっぽうさつ》に充満し、

「船と舵《かじ》をもって万国につながる架け橋となり、あらゆるすばらしいものが琉球を中心とした世界に充満している」というわけです。

琉球王国はこれによって栄えました。日本との交流も、室町《むろまち》時代から始まっています。仏教が日本から琉球に広く伝わったことから見ても、その関係の深さがわかるでしょう。

◆なぜ家康は琉球王国を征服したのか

ところが慶長《けいちょう》十四年（一六〇九）、薩摩《さつま》藩が琉球王国へ侵攻し、征服します。これ以後、琉球王国は日本の領土となります。

慶長十四年と言えば、関ヶ原の戦い（慶長五）と大坂夏の陣（慶長二十）の中間であり、徳川家が着々と権威を高めつつあった時代です。薩摩藩による琉球の侵略も、家康の指示によるものでした。

この時期、仙台藩の初代藩主である伊達政宗《だてまさむね》が、支倉常長《はせくらつねなが》をローマに派遣しています。これも家康の許しを得た上でのプロジェクトです。家康は伊達家を利用して西洋と貿易をやろうとしていたのかもしれません。あるいは松前《まつまえ》藩（現・北海道）を使ってアイヌ民族と交易しようとも画策《かくさく》しています。最終的には、幕府は四つの外国窓口（長崎・対馬《つしま》・薩摩・松前）を通して異国と交流することになるのです。

特に家康が琉球に期待したのは、明との貿易でした。ただし前述のとおり、明は朱子学の国であり、貿易を禁止しています。これを「海禁《かいきん》」と言います。**朝貢は認めていたので鎖国《さこく》していたわけではないのですが、貿易はダメ。それが明の方針だ**

ったのです。

そのため、明で貿易を行えば犯罪者になります。そこで明の貿易商人の多くは、日本に拠点を移しました。それによって日本にもたらされたのが、鉄砲です。一般にはポルトガル船が種子島《たねがしま》に持ち込んだとされていますが、実は中国商人の船だったようです。

たしかにポルトガル人が鉄砲を持って来たのですが、種子島の人たちは言葉が通じないので用途すらわからない。そこで中国の商人が、砂浜に漢文を書きながら通訳の役目を果たしました。それが王直《おうちょく》という人物で、別名を五峯《ごほう》と言います。日本の五島《ごとう》列島に本拠を置いていたことが、この名の由来です。

ところが、実はこういう人たちが「倭寇《わこう》」と呼ばれていました。そもそも倭寇とは、文字どおり日本人の海賊という意味です。たしかに室町時代前期、彼らが中国沿岸や朝鮮半島沿岸で略奪を繰り返していた時期があります。

しかし信長《のぶなが》・秀吉《ひでよし》が活躍するより少し前の戦国時代になると、倭寇のほぼ九割が中国人になる。明が厳しい海禁政策を敷き、まともな商人でも海賊として扱われたためです。だから彼らは日本に本拠を移して貿易を継続したわけです。

◆「日本国王」にならなかった家康の矜持《きょうじ》

それはともかく、実は家康より前に、明との貿易を画策した人物がいます。それが豊臣《とよとみ》秀吉です。明と争ってその力を弱め、東アジア大貿易圏のようなものをつくろうという目論見《もくろみ》まで持っていたようです。

そのことを示す計画書が、加賀《かが》藩の前田家に残されていました。それによると、秀吉は首都の北京《ペキン》ではなく、上海《シャンハイ》のやや南にある港町の寧波《ニンポー》に拠点を築こうと考えていたようです。ここは当時、中国最大の東アジア方面に向けた貿易港でした。つまりは大貿易を構想していたということでしょう。しかし、うまくいかなかった。もし成功していれば、豊臣家滅亡はあり得なかったはずです。

一方、家康はそこまで考えてはいません。しかし、明との貿易で利益は得たい。それには、先に述べたとおり朝貢という形をとるのが筋でした。つまり、自分は中国の家臣であると認めなければならないということです。

室町時代、三代将軍の足利義満《あしかがよしみつ》は、それを実践しました。天皇に対抗する意識もあったのですが、明に正式に使いを送り、日本国王に任じてもらったのです。これによって貿易は朝貢という形で可能になるので、大儲けできたわけです。

ところが、家康はそれを潔《いさぎよ》しとしなかった。これは、歴史的にもう少し評価されていい判断だと思います。これまで日本はずっと中国と対抗してがんばってきたのに、今さら家来の立場にはなりたくない。しかしそれでは、正式な貿易は不可能。ではどうするか。

そこで利用したのが、琉球王国です。要するに、**日本という国のダミーに仕立て上げたわけです**。朝貢という関係上、その国は王国でなければならない。しかし実質的には日本の領土。文化も比較的共通しているし、朝鮮のように大きな国でもないから日本がコントロールしやすい。そんな最適な条件を備えた国が、琉球王国だったのです。

◆薩摩藩に琉球征服を任せた理由

家康は琉球王国への侵攻・征服を、薩摩藩の島津家に命じます。これには大きく三つの理由があります。**第一に、距離的に近いこと**。江戸から出兵するより、薩摩から出兵するほうが合理的でしょう。

第二に、島津軍の評判が高かったこと。先の朝鮮出兵の際、秀吉はさらに明国の征服も目論んでいました。これを「唐入《からい》り」と言います。対する明は数万の軍隊で対峙《たいじ》したのですが、これを撃破したのがわずか数千の島津軍です。以来、明では島津軍に対し、「悪魔のように強い奴ら」「日本で一番強い軍隊」という認識が広がりました。当時、「日本一の兵《つわもの》」と言えば真田《さなだ》軍だったかもしれませんが、「東アジア一の兵」と言えば島津軍でした。家康はそれを利用しようと考えたわけです。

まして琉球王国は、中山王の尚巴志による統一以降、平和を謳歌《おうか》して武装解除していました。琉球版の〝刀狩り〟でほとんどの武器を召し上げていたのです。島津軍が侵攻すれば、勝利は確実でした。

しかし、そこに懸念がなかったわけではありません。そもそも琉球王国が非武装を実現できたのは、バックに中国がいたからです。王国の国王は、中国皇帝の臣下でもありました。もしそこに他国が侵攻してきたら、中国が黙っていない可能性があります。

秀吉の朝鮮出兵の際には、明国軍が朝鮮軍を助けるために駆けつけました。だとすれば、琉球王国を助けるために明国軍が出撃してくる可能性もゼロとは言えない。実際、琉球は明に対して支援を求める書状を出していました。

だからこそ家康は島津軍を出して明を牽制《けんせい》したわけですが、ここにはもう一つ、狙《ねら》いがあったと思われます。もし明国軍が出てきて衝突した場合、**「あれは幕府ではなく島津が勝手にやったこと」と言い逃《のが》れをするつもりだった。これが、島津家に侵攻を命じた第三の理由だ**と私は考えています。

◆明の対応は家康よりも一枚上手だった

しかし現実には、島津軍が琉球王国へ侵攻しても明は動きませんでした。これも理由が二つ考えられます。

一つは、朝鮮半島なら地続きなので簡単に兵を送れますが、琉球は海を隔てている上、中国から見ると日本列島の向こう側ということ。兵を送るとなると大船団を組む必要があり、それには手間もお金もかかります。

そしてもう一つの理由は、秀吉と戦ったことにより、辛《かろ》うじて勝ったものの国がかなり衰えていたことです。しかもそれに乗じて、北方からヌルハチに率いられた満州族（女真《じょしん》）が続々と明の領土に侵入していました。その防備に手いっぱいで、とうてい琉球に援軍を派遣する余裕はなかったわけです。ちなみに満州族が後に清《しん》国を建国し、ヌルハチの子孫は愛新覚羅《あいしんかくら》と名乗るようになります。

その結果、琉球王国は薩摩から来たわずか三〇〇〇人の精鋭部隊に制圧されます。国王は人質に取られ、実質的に薩摩によって支配されたのです。

そこで家康は、さっそく琉球王国に指示を出します。まず、服装や文化などを日本風に変える必要はなく、従来のままでいいということ。国王の地位もそのまま。ただし将軍が代替わりするときは、徳川家に琉球の衣装で挨拶に来る（使者を送る）こと。つまり、形の上では琉球王国として独立を保っているように見せかけたわけです。

その上で、琉球王国から明に対して使者を送らせます。「今までどおり明の臣下なので、朝貢を再開させてくれ」と頼むように仕向けたのです。

しかし、さすがに明もバカではありません。琉球王国内には、明国派の人がたくさんいました。国王が「尚」という一字姓だったように、名前も中国風の人が多かった。それはちょうど、イギリスの植民地時代の香港人の中に、ジャッキー・チェン（成龍）のように中国名と英語名を持った人が多くいたことと似ています。また、かねてから貿易の拠点だったので、中国語ができる人も多数いました。

そういう人たちから、明には琉球王国の内情が伝えられていたのです。つまり、琉球の独立はすでに失われている。琉球王国が立てた使者は日本の幕府の意を受けた者である、というわけです。

これに対して、明はどう対応したか。まず琉球王国の使者を門前払いするようなマネはしなかった。すでに正確な内情を把握しているのですから、使者に対して「お前は王国ではなく江戸幕府の意を汲《く》んでいるんだろう。そんなヤツの話など聞く耳を持たん」と追い返してもいいはずです。

しかし、そうではない。追い返す代わりに、以下のような実に皮肉に満ちた回答をしたのです。

「お前の国もいろいろ大変だろうから、無理をしなくていい。これまで二年に一度だった朝貢を、十年に一度に減らしてあげよう」

朝貢というのは、受ける明の側から見れば、その国の数が多いほど皇帝の徳が高いということになる。それまで交流のなかった国から申し出があれば、基本的に大歓迎なのです。逆に言えば、減らしたくないわけです。

とはいえ、一のものを持ってきた相手に一〇のものを返すので、経済的にはやればやるほど損をすることになる。だから、朝貢国は減らしたくないが、朝貢自体の量は増やしたくないという、この二つのジレンマを常に抱えているわけです。それをうまく解消したのが、明の回答でした。

琉球王国を朝貢国としては認める、ただし朝貢の機会は「無理をするな」と気遣ったように見せかけて大幅に減らす。**明としては損の少ない上に面子《メンツ》を保った、従来と比べても一挙両得の回答**と言えるでしょう。むしろ無理をしてでも朝貢を増やしたい幕府としては、見事に出鼻を挫《くじ》かれたわけです。

◆家康の落胆と薩摩藩の大儲け

この一件で、さすがの家康もがっくり来たようです。一六〇九年時点で、御年六十八歳。当時としてはかなり長生きですが、今で言えばもう九十代でしょう。明との貿易が可能になるのが十年後とすれば、一六一九年です。結果的には家康は豊臣家を滅ぼすという最大の懸案事項を見届けた後、力尽きたように元和《げんな》二年（一六一六）に亡くなっているので、存命中に実現することは一度もなかったわけです。

結局、徳川家は琉球の支配権を薩摩に任せてしまいます。それは、やはり家康が蒔《ま》いた種である朱子学が盛んになるにしたがい、「貿易（商売）は下劣な人間のやること」という認識が浸透したためでもあります。貿易の利を求めるという家康の目的を、すっかり忘れてしまったわけです。

おかげで薩摩はこれ以後、琉球で大儲けをすることになる。先に述べたとおり、幕府は外様《とざま》大名を参勤交代や「お手伝い」などで財政的にさんざん苦しめますが、このときの薩摩藩に対しては完全に逆をやってしまったわけです。

　もともと薩摩藩は貿易立国でした。土地が火山灰台地で農業に適していないため、食糧は近隣からの輸入に頼っていたのです。例えばコメは肥後国《ひごのくに》（現・熊本県）から、その他の食糧は瀬戸内海や東シナ海を経由して、といった具合です。だから朱子学の言う「貿易は悪いこと」という感覚は、あまり育たなかったのです。

　さらに、彼らは琉球王国をタナボタで手に入れ、一〇〇%利用しておおいに儲けた。最初のうちは、例えば琉球から黒砂糖を安く仕入れて高く売る程度の、ささやかな貿易でした。しかし、しだいに拡大し、膨大な利益を得るようになったのです。

　参勤交代や「お手伝い」の負担により、薩摩藩の抱えた借金は一時五〇〇万両にも達しました。薩摩藩の石高《こくだか》が七七万石なので、便宜的に単純に「一石＝一両」で換算すると、年間収入は七七万両ということになります。

ただし、五公五民（税率五〇%）で半分は農民の取り分なので、藩の収入は約三八万両です。そこから藩士の給料や、鹿児島城や江戸屋敷の維持費、ろうそくやまどの薪《まき》、暖房用の炭などの光熱費、参勤交代の費用、それにもちろん藩主一家の生活費なども捻出《ねんしゅつ》するわけです。

これらを差し引くと、年間でできる余裕資金はわずか二万両ほど。一方で大坂商人からの借金は五〇〇万両で、そこには当然利息がかかります。この状態では、破綻《はたん》は明らかでしょう。今なら会社更生法などで再生する手もありますが、当時はそんな制度もありません。

そこで対応を一任されたのが、江戸時代後期に活躍した家老の調所広郷《ずしょひろさと》、別名調所笑左衛門《しょうざえもん》という経済官僚です。彼はまず大坂商人に話をつけて、毎年二万両を返済する代わりに、利息を棒引きにしてもらいます。つまり、二百五十年かけて返済するというわけです。虫のいい話ですが大坂商人も取りっぱぐれるよりはマシなので、飲むしかありません。

その上で、次に行ったのが琉球を利用した密貿易の拡大です。その結果、五〇〇万両の借金はわずか二十年で完済します。それどころか、一〇〇万両の貯蓄まで生み出したのです。貿易がどれほど儲かるか、如実にわかるでしょう。

振り返ってみれば、それほどの利権を、**幕府は朱子学のせいでみすみす薩摩に渡してしまった**わけです。

◈オランダとの貿易を長崎商人に丸投げした理由

ところで、幕府は江戸時代を通じて、長崎の出島《でじま》でオランダと貿易をしていました。「下劣な人間のやる仕事」を、なぜ続けていたのでしょうか。

実はこれも、朱子学が関係しています。その中心概念である「孝」の考え方に則《のっと》っているのです。親の決めたこと、先祖の決めたことをみだりに変えてはいけない。たしかに商売はよくないが、家康様が認めたことだから変えられない、というわけです。これを「祖法《そほう》（御先祖様の決めたルール）」と呼び、これが江戸時代を貫く方針でした。

本来、独占的な貿易ルートを持っていれば、それだけで儲かるはずです。まして日本には、外国人が欲しがる物産が多数ある。陶磁器や、フカヒレのような食材、あるいは浮世絵などです。

それを幕府が独占している以上、財政的にもおおいに潤《うるお》っていたはずです。ところが、そういう話は聞いたことがありません。**なぜなら、貿易で商売しようという発想が、徳川幕府にはなかったから。その利権を長崎商人に丸投げしてしまったのです。**

おかげで、長崎商人は大儲けしました。幕府にとってはものすごくもったいない話のようにも思えますが、だからといって長崎商人に「儲けた分、上納金を納めよ」などと命令することもできないんです。

それは今で言えば、総理大臣が暴力団に献金を求めるようなもの。武士たる者が、商人からカネを取って財政を改善しようなどと考えること自体、当時の倫理観では許されなかったのです。

Point

琉球や長崎からの莫大《ばくだい》な利益を幕府はみすみす逃してしまった！

幕府・朝鮮・対馬、三国の騙し合いだった朝鮮通信使

◆対馬・宗《そう》氏の暗躍

家康は、隣の朝鮮国とも親善関係を築き、貿易をしたいと考えていました。

しかし、少し前に豊臣秀吉が侵略したという事実があります。そのため当初、朝鮮国は日本との交流を拒《こば》んでいました。国王がいる朝鮮国は、日本に対して非常に不快感と悪意を持っていたのです。

ただ、家康にはアドバンテージがありました。**朝鮮国に対し、「あなたの国を侵略した秀吉の豊臣家は、私が滅ぼしましたよ」とアピールすることができた**のです。最初は疑っていた朝鮮国の人々も、しだいにそれを認めるようになり、交流が

少しずつ始まるわけです。

その仲介役を担《にな》ったのが、対馬の大名である宗氏です。対馬は薩摩とよく似た環境で、コメが取れません。そこで、かねてより日本と朝鮮半島の架け橋となることで栄えてきました。

宗氏にとっては、日本と朝鮮半島が交流すれば、存在意義が生まれます。その分、取り潰《つぶ》されないという計算がありました。さらには、両国間の貿易で儲けることもできる。積極的に仲介役を買って出たのは、そんな知恵が働いたためです。

しかし、この仲介が曲者《くせもの》でした。そもそも家康は、朝鮮国に頭を下げるつもりはなく、対等な関係を求めていました。ところが宗氏は、これを朝鮮国に「徳川氏がへりくだって関係を求めている」と伝え、まず日本へ視察に来るように求めます。

一方、朝鮮国としては、日本に対して「また攻めてくるんじゃないか」という不安を拭《ぬぐ》えずにいた。実際、秀吉による朝鮮出兵の際も、事前にその可能性を指摘した人はいたのですが、宮廷では「まさか攻めてこないだろう」という意見が通ってしまった。その結果、さんざん痛い目に遭《あ》ったわけです。

宗氏はそこにうまくつけ込んで、「攻め込む意図がないことを確かめに来ませんか?」と誘うわけです。朝鮮国はそれに乗って、日本へ視察団を送ります。今度はしっかり見てこようというわけです。

しかしその意図を、宗氏は家康に対してごまかします。視察・偵察なのに、「先に朝鮮国側から友好の使者を送ってきました」と伝えるのです。外交関係において、どちらが先に使いを送るかは非常に重要な意味を持ちます。それが上下関係の目安になるからです。**へりくだる側が最初に使いを送るのが通例なので、ここで双方に誤解を生じさせたわけです。**

ただ、徳川家は朝鮮国の使者に誠実に対応しました。「我々が豊臣家を滅ぼしました」と伝えたことに加え、秀吉が朝鮮侵略の基本基地として今の佐賀県に建てた名護屋《なごや》城の石垣を破壊し、そこへ使者を案内しています。

石垣は、城の基礎部分です。そこを壊してしまえば、もうその上に建物は造れません。それを見せることで、二度と侵略しないという証拠を示したわけです。

あるいは朝鮮出兵の際、日本軍の中にはどさくさに紛《まぎ》れ、日本で言う古墳のような場所を暴いて金品や宝物を強奪した者がいたらしい。家康は、そういう者たちも引き渡しました。ただしそれは表向きで、言葉が通じないのをいいことに、強奪とは関係のない日本国内の死刑囚を渡したそうです。

これらによって、朝鮮国側の感情はかなり改善しました。しかしここで、琉球王国の場合と同じ事情がネックになってくるのです。

◈交流のボトルネックは肩書だった

朝鮮国には朝鮮国王がいましたが、やはり中国皇帝の臣下でした。臣下同士であれば、対等なので貿易でも何でも可能です。ところが**日本国の徳川氏は、中国皇帝の臣下ではない。むしろ日本は中国と対立している独立国です。朝鮮国王としては、そういう国とは交流できないわけです。**

まず問題になったのが、徳川氏の「将軍」という肩書です。日本で将軍と言えば天皇の次に偉いぐらいの感じですが、中国では皇帝に任命された一軍団の長に過ぎません。だから何人もいます。

そこで日本のルールにしたがい、「将軍」として朝鮮国王に使いを出しても、「格下が何を言うか」と相手にされないわけです。かといって「天皇」名義にしたとしても、先方には受け入れられません。これは明治時代にも問題になるのですが、東アジア世界で「皇」という字は、中国皇帝しか使ってはいけないことになっているのです。

ましで使えないのが、「日本国王」。先にも述べましたが、これでは琉球王国や朝鮮国と同様、中国皇帝の家来であることを意味するからです。徳川氏がプライドにかけて、それを認めるわけにはいかなかったのです。

そこで徳川氏が考えたのが、「大君《たいくん》」という肩書です。日本国大君が朝鮮国王に対して友好を求める。日本国内でそんな肩書の人はいませんが、「なんとなく偉そう」ということで納得した。また朝鮮国にとって「大君」とは、引退した国王の父親、いわゆる上皇《じょうこう》的な意味合いになります。これなら現役の国王よりは低いと考えることもできるので、受け入れられる。つまり、絶妙な肩書をつくり出したわけです。

ただし、日本は最初から「大君」を考え出したわけではありません。その前は、宗氏が日本国将軍から朝鮮国宛の手紙で、勝手に「日本国王」と書き換えていたのです。「翻訳」と言えば聞こえはいいのですが、**あえて誤訳することによって、両国の関係を保っていた。それが実際の姿だった**のです。

◆江戸初期の公文書改竄《かいざん》事件――柳川《やながわ》一件

実はここで、「柳川一件」という大事件が発生します。宗氏の家老だった柳川調興《しげおき》が、宗氏による手紙の書き換えを幕府に訴え出たのです。「うちの殿様は将軍家を欺《あざむ》いています」というわけです。

実際にそのとおりだったのですが、しかしこの一件における幕府の裁きは、柳川を処罰し、宗氏にお咎《とが》めなしでした。理由は明らかでしょう。**朝鮮半島との交流は、見せかけの関係でなければ維持できなかったからです。だから日朝間の外交使節は、あえて「朝鮮通信使」と呼ぶのです。ふつうの使節ではないという意味です。**

一般に「柳川一件」はほとんど知られていませんが、実は「近世初期の日朝関係における最大の事件」ともされています。そこで、もう少し詳しく解説してみます。

柳川調興について、あまり詳しいことはわかっていません。しかし柳川一族は、常に宗氏を補佐する家柄でした。

家康は、宗氏に日朝関係の調整をさせるにあたり、柳川調興を人質として駿府《すんぷ》に留《とど》めます。ふつうの大名なら、正夫人と嫡男《ちゃくなん》を江戸屋敷に住まわせるところですが、対馬は遠いので免除していた。その代わり、家老の柳川家から人質を取っていたわけです。

これが、後の事件の伏線になります。調興は、駿府でけっこう家康に気に入られたらしい。また家康の死後は江戸に移りますが、そこでは二代将軍の秀忠《ひでただ》にも一目置かれていたようです。

やがて成長した調興は、一歳年下の宗氏の当主・宗義成《よしなり》が家督《かとく》を継《つ》ぎ二代藩主となったのと同じころ、柳川家の家督を継いで家老になります。かなり有能だったらしく、当時の朝鮮使節の見聞によれば、「義成が暗君だったのに対し、調興はきわめて怜悧《れいり》で敏腕だった」と述べています。

本人もそれを意識して、「こんなバカ殿では国が保《も》たない。日朝関係の調整のためにも、自分がトップに立ったほうがいい」と考えたのでしょう。そこで、件《くだん》のお家騒動を起こすわけです。

ふつうお家騒動と言えば、家老が殿様に無実の罪を着せて追い出す、というのがパターンです。しかし調興の場合は、宗氏が長年にわたってやってきたインチキやデタラメ、つまり家康の手紙を書き換えたり、日朝の立場を微妙に言いくるめたり等々を幕府に訴え、宗氏を潰して自分が大名の地位に成り代わろうとしたわけです。

そこには、かつて家康や秀忠にかわいがられたという自負もあったと思います。一方、宗義成はずっと地元にいるので、家康のことも秀忠のこともよく知らない。だから自分が幕府に訴え出れば、聞き入れてもらえると考えたのでしょう。

しかし、そこには誤算がいくつかありました。まず、訴え出たときには将軍家も代替わりし、三代将軍家光《いえみつ》の時代だったということです。さしもの調興も、家光には馴染みがなかった。

それに、たしかに宗氏がやっていることは国書《こくしょ》の改竄であり、どう考えても犯罪です。しかし宗氏としては、「そうしないと、日朝関係は保てなかった」という言い訳が成り立つ。そこで最終的な判断は、家光に委《ゆだ》ねられることになりました。その結果、家光は柳川調興を有罪、宗義成を無罪とする裁定を下すわけです。

これを機に、将軍家は勝手に肩書を「日本国王」と書き換えられていた事実を知るわけです。これは、家康が示したプライドを通す絶対的な方針からは明らかに外れています。それでも**徳川家は宗義成を断罪せず、代わりに「大君」という肩書を**

編み出したわけです。

もっとも、国書の中で宗氏が改竄したのは、肩書だけではありません。徳川家は朝鮮国と対等な関係を築きたいから、言葉遣いも対等な感じで書くわけです。しかし、朝鮮側から見て国王より大君の地位が下なら、大君から国王に対して対等な言葉遣いをするのはおかしい。そこで宗氏が、朝鮮国を上に見るような言葉遣いに書き換えたのです。

逆に朝鮮国から幕府にもたらされる国書は、やはり下に見ている分、言葉遣いも上から目線になります。それも宗氏が、対等な言葉遣いに書き換えて幕府に渡していたのです。ただし朝鮮国から使節が国書を携えて来た際には、なかなかすり替えるタイミングを摑《つか》めず、かなり苦労していたようです。

「柳川一件」は、幕府がそんな改竄を黙認するきっかけになった、とも言えるでしょう。

◆互いに「誤解」したまま朝鮮通信使を迎える

結局、日朝間の関係は、以下のような形でまとまりました。

まず、朝鮮国は日本国の将軍家（大君）の代替わりのとき、祝賀の使者を送る。これは朝鮮国から見ると、「祝ってやる」という感じです。一方、日本国から見ると「朝鮮国が頭を下げて、礼を尽くしに来た」となる。**それぞれ、ごまかしつつ自分に都合のいいように解釈することで、両国の関係が成立した**のです。

その後、中国では明が滅んで清朝が誕生しました。清はもともと女真族の建てた王朝で、当初は朱子学を採用しなかったので、貿易についてもうるさいことを言いません。その結果、通信使の往来は江戸時代後期まで続くことになりました。

朝鮮通信使は、朝鮮人参のような薬や書物、特産の絹織物、虎の皮、馬、鷹などのお祝いの品を持参するのが常でした。

そのルートは、まずソウルから陸路や川を使って釜山《プサン》に出て、そこで海の神様を鎮《しず》める儀式をする。それから船で対馬に向かって一泊した後、瀬戸内海を東へ進みました。ちなみにその途中、今日《こんにち》の広島県福山市に、鞆津《ともの つ》（鞆の浦）という場所があります。ここは瀬戸内海の東から西に流れる潮と、西から東に流れる潮が合流するところで、昔から栄えていました。景勝地としても有名で、ここにある福禅寺《ふくぜんじ》の対潮楼《たいちょうろう》に立ち寄ったある朝鮮通信使は、そのすばらしい眺めに感動し、「日東第一《にっとうだいいち》形勝《けいしょう》」と書いた額を寄贈しています。

さらに大坂からは淀川《よどがわ》を遡《さかのぼ》り、途中から陸路に出て、京都を経て江戸に向かいます。彼らが通った道は「朝鮮人街道」と呼ばれました。観光旅行も兼ねてでしょうが、日光山《にっこうざん》に行っていたようです。

◆蔑視と疑心暗鬼は解けず

では、この日朝の交流にはどんな意味があったのか。

メリットとしては文化面の進展が大きかったようです。朝鮮通信使の宿舎には、日本の多くの学者や文人、医師が訪れ、朱子学をはじめ先進的な朝鮮文化、さらには朝鮮と交流のある中国の文化について教えを請《こ》うたそうです。

先に述べたとおり、日本は家康の命令で朱子学を基本の学問としました。しかし付け焼き刃なので、なかなかわからないところもある。そこで学者などが、朝鮮通信使の宿舎に押しかけたわけです。特に当時の朝鮮は、中国以上に朱子学を研究していたので、講師として最適だったのです。

通訳は一応いましたが、漢文による筆談がメインだったらしい。漢字ならお互いにわかりますから。そして学んだ学者が、それを広く日本人に教える。そういう意味で、日本の朱子学の発展には非常に功がありました。

ただ残念ながら、こういう関係である以上、朝鮮側は日本に対して優越感と蔑視の感情を持っていました。文化的には自分たちのほうがずっと上、という意識だったのでしょう。「日本人は朱子学のことをまったくわかっていないな」「付け焼き刃でどうしようもないな」という感覚です。

一方の日本人は、朝鮮人に対して「口ばっかり達者で、実際には何もできないな」と思っていた。今でもそうだと思いますが、こういう溝があったわけです。その結果、朝鮮通信使が帰国の途中、大坂で殺傷される事件も起きています。

朱子学の世界においては、士農工商の身分差別がはっきりしています。だから、あくまでも官僚あるいは学者が偉く、技術者や商人は低く見られるわけです。例えば日本は通信使に朱子学を教えてもらったお礼に、料理の本や綺麗な道具の作り方を記した技術書を渡すのですが、彼らは帰国途中で外洋に出た途端、それらを海の中に捨てたそうです。「職人の拙《つたな》い技《わざ》を知ってどうする」という感覚だったのでしょう。

その教えは今日にも生きていて、例えば日本にあって韓国にないものの一つが「老舗《しにせ》」です。朱子学が浸透した韓国では、学問をやる者や試験を受けて官僚にな

朝鮮通信使　江戸市中を行列する延享度朝鮮通信使の行列を描いている風景画（羽川藤永・筆「朝鮮通信使来朝図」、神戸市立博物館所蔵　Photo : Kobe City Museum / DNPartcom)。延享５年（1748）ごろの絵で、朝鮮通信使が将軍への挨拶を終え、常磐橋を渡り、本町二丁目を通って、使館となっている浅草本願寺へ戻るところ。

った者が一番偉いとされています。だから、例えばお菓子作りの店を五百年続けたとしても、まったく尊敬されません。**お父さんがお菓子作りの名人だったとしても、余裕ができれば子供には店を継がせるのではなく、官僚にさせたがるのが儒教（朱子学）の世界なのです。つまり、技術あるいは職人に対する尊敬がまるでない。だから老舗が存在しないわけです。**

二〇二〇年十二月、ユネスコが選ぶ世界の無形文化遺産に日本の「伝統建築工匠《こうしょう》の技」が登録されたと言う素晴らしいニュースが入ってきました。「伝統建築工匠の技」とは、神社仏閣等の建造物の修理、「茅葺《かやぶき》」、「左官（日本壁）」など一七の伝統建築技術です。日本は「士」だけが人間の頂点ではなく、長年何事かに打ち込み立派な職人技を持っている人は大変尊敬されるし、それを世襲で伝えている家も少なくない、まさに老舗の国です。朱子学ではこうした技を卑しい工人のものと軽蔑し、人間の価値とは何の関係もないものとするので、まさに職人技の名人が育たないという欠点があります。

ところで金剛組《こんごうぐみ》をご存じですか？ 現在は株式会社（高松コンストラクショングループ）のこの組織は西暦五七八年に創業した現存する世界最古の企業です。そもそも法隆寺より創建が古い四天王寺建立《こんりゅう》のため、聖徳太子によって百済《くだら》より招かれた宮大工によって創業されたという歴史があります。こんなすごいものはヨーロッパなど他国にもありません。

現代でも、日韓関係はなかなか改善しません。その状況に対し、かつて一部の識者の中には「朝鮮通信使のころは仲が良かったんだから、その当時に戻せばいいじゃないか」などと言う人もいました。

しかし、それはまったく誤解です。お互いに蔑視し合う感情を包み隠すという、嫌な関係でした。けっして模範にすべきものではないと思います。

◆「朱子学の毒」が外交関係を失わせた

一般に、江戸時代といえば「鎖国」というイメージが強いと思います。しかしここまで見てきたように、**かならずしも国を完全に閉ざしていたわけではない。だから最近は、鎖国という言い方はおかしいという議論がされるようになっています。**

そもそも「鎖国」とは、十七世紀末に来日したドイツ人が日本の外交の状態について「あの国は、門戸を閉ざしている国家である」と書き、江戸時代後期になってそれを訳した日本人のオランダ語通訳・蘭学《らんがく》者である志筑忠雄《しづきただお》が作った言葉です。しかし、これでは完全に外交関係を断っているように聞こえるので、ちょっと言い過ぎだろうというのが最近の傾向です。

そこで、改めて江戸時代の外交関係を整理してみましょう。中南米でキリスト教国家による侵略が行われたこともあり、日本はまずカトリックを信じる国と断交しました。つまりスペイン・ポルトガルです。残る選択肢としてはイギリスとオランダだったのですが、このうちオランダはプロテスタントの国であり、「我々はキリスト教の布教はいたしません。貿易に徹します」と言ってきたのです。その結果、オランダが日本における対ヨーロッパ貿易の独占的な窓口となりました。

また中国に関しては、以前に秀吉が戦争を仕掛けたこともあり、また家康がへりくだることを潔しとしなかったので、江戸時代を通じて国交断絶状態でした。

それから当時、アメリカは影も形もありませんが、江戸時代のさなかにイギリスからの独立を果たします。さすがに自由の国らしく、イギリスの対インド政策や対清政策とは違って対等な関係での貿易を志向し、日本をそのパートナーに選ぼうとさまざまなアプローチを繰り返してきました。ところが日本はイギリスとアメリカを同一視して、けんもほろろに断ります。これがアメリカを激怒させ、幕末に不平等条約を締結させられることになるのです。

あるいはロシアも、かねてから善隣友好関係を求めてきましたが、幕府の硬直した政権はそれを拒否し続けます。**私はこれを「朱子学の毒のもたらした作用」と呼んでいますが、幕府上層部に朱子学が浸透することにより、それ以前に日本人が持っていた、みずみずしい外交的感覚が失われた。つまり発想が非常に教条的・独善的になりました。**これが幕末に、時代を誤らせる一因になったのです。

Point

「朱子学の毒」は日本と朝鮮の平和をも打ち砕く恐るべき力を持っている！

鎖国への道をひらいた島原《しまばら》の乱の真実

◆キリシタン大名が求めたのは「硝石《しょうせき》」だった

なぜ、幕府は国を閉じたのか。その大きなきっかけとなったのが、寛永《かんえい》十四年（一六三七）～同十五年（一六三八）、九州に起きた「島原の乱（天草四郎《あまくさしろう》の乱）」です。

これは、徳川幕府の体制ががっちり固まった後に起きた、政権の打倒を目指した最後の大規模な反乱でした。これ以降、日本は完全ではないものの、とりあえず戦乱のない時代が続くことになります。

島原の乱の要因については、諸説あります。ごく簡単に三つにまとめると、まず幕府がキリスト教を弾圧したことに対する抗議であるというのが第一説。あるいはキリスト教徒というより、基本的には圧政に対する農民一揆《いっき》であるというのが第二説。そしてこの両者の融合であるというのが第三説です。

そもそも島原・天草地方の土地は痩《や》せていて、稲作には適していません。したがって漁業や対外貿易、出稼ぎなど、東シナ海への依存度が高い地域でした。

当初、ここを治めていたのが、キリシタン大名の有馬《ありま》晴信《はるのぶ》です。なぜキリシタン大名が誕生したかについても諸説ありますが、**もっとも大きいのは異文化への憧れと、新しい道具、特に武器に対する需要だった**と考えられます。

鉄砲や大砲を使うためには、火薬が必要です。前にも述べましたが、その材料は硫黄、木炭、硝石（硝酸カリウム）の三つです。このうち硫黄と木炭は日本でいくらでも調達できます。特に硫黄は中国大陸にまったくないので、重要な輸出品だったほどです。

しかし問題は硝石で、当時の日本は作る方法を知らなかった。そこで最初は、鉄砲を売りに来たスペイン・ポルトガルの商人から買っていました。それはチリで取れる天然の硝石だったのですが、スペイン・ポルトガルはチリという国の存在を隠していました。

ちなみに硝石は、わざわざ外国から買わなくても、国内で簡単に精製する方法が後《のち》に見つかります。実は作ろうと思えば我々でも作れる。人間の尿を天日にさらして水分を徐々に蒸発させていくと、最終的に白い結晶が残ります。それが硝酸カリウムなのです。しかし当時の日本人に、そういう知識はありませんでした。

どうしても硝石が欲しい日本としては、とにかく外国商人に来てもらうしかありません。そのために**もっともいい方法は、キリスト教に入信して教会を建てることです。**教会があれば宣教師が居着き、キリスト教徒が増えれば外国の貿易船が来てくれる、と計算したわけです。

薩摩藩の島津家は、キリスト教を嫌って最後まで宣教師を呼びませんでした。一方、これを大規模にやったのが、戦国時代の豊後国《ぶんごのくに》（現・大分県）のキリシタン大名である大友宗麟《そうりん》です。彼はフランシスコという洗礼名も持っていました。日本で最初に大砲を使ったのは織田《おだ》信長でなく、実は大友宗麟です。それだけ火薬を大量に使えたということです。

また、キリスト教の布教のため、天正《てんしょう》八年（一五八〇）に領内に「コレジオ」を設立しました。これは英語で言えば「カレッジ」、つまり大学です。

同年、有馬晴信は島原に、織田信長も安土《あづち》に「セミナリヨ」を設立します。信長自身はキリスト教には入信しませんでしたが、やはり宣教師を呼び込むことが目的でした。こちらは英語で「セミナー」、今日で言えば高等学校ぐらいでしょう。

◆植民地化を防ぐためにキリスト教を禁止する

その島原の「有馬セミナリヨ」から選ばれた四人の少年が、ローマへ渡ります。有名な天正遣欧《けんおう》少年使節です。ローマから日本を訪れた巡察師ヴァリニャーニの発案で、ローマ法王に日本の現状を報告することを主な目的としていました。彼らが、ヨーロッパに渡った初めての日本人と言われています。今でも、長崎空港から大村市内に入る橋を渡った場所に、この四人の銅像が立っています。

ただし四人だけではなく、非公式に奴隷として連れて行かれた人たちもいたようです。スペイン・ポルトガルの商人は、奴隷も商品として扱っていたからです。その中には、現地で土着した人もいたらしい。その証拠に、ポルトガル語で日本のことを「ハポン」と言いますが、今日でもそれを姓としている人が少なからずいるそうです。

それはともかく、こういう使節を輩出するような地域なので、もともとキリスト教徒は非常に多かったのです。しかし、キリスト教が浸透した国には、後から軍隊が押しかけてきて乗っ取られるのが常です。征服された中南米を見れば明らかでしょう。もともと伝統文化があったのに、まずキリスト教の宣教師がやって来て広めた後、スペイン・ポルトガルの軍隊が襲来して植民地にした。これは歴史的事実なので、政治のトップが警戒するのは当たり前です。だから秀吉も家康も、**日本を他国の二の舞にしてはならないということで、まずキリスト教を禁止する**わけです。

その流れの中で、キリシタン大名や武士の対応は分かれました。例えば絶対に信仰を捨てなかった高山右近《うこん》は、フィリピンのルソンに逃げました。また武士の中には、大坂冬の陣・夏の陣で豊臣側が勝てばキリスト教の信教を許されるという約束の下、大坂城に駆けつけた者もいます。しかし豊臣側が敗北して大坂城が落ちたことで、ほぼ全員が亡くなりました。

有馬氏も結局、幕府の命令でキリスト教を捨て、慶長十九年（一六一四）に領地替えとなって島原を離れます。ところが、有馬氏の家来たちはそれを是《ぜ》としなかった。足軽《あしがる》クラスから高級武士まで、領地替えとなった有馬氏について行かず、島原の地に留まってキリスト教を信じ続けたのです。彼らにとって有馬氏は裏切り者、という感覚だったのでしょう。

そこへ新たに赴任してきたのが、キリスト教の信者でも何でもない、松倉重政《まつくらしげまさ》という大名です。松倉は幕府から「キリスト教徒を根絶せよ」という指令を受けていたため、強烈な圧政を敷きます。にもかかわらず、隠れキリシタンがなかなか減らないため、さらに徹底的な弾圧を加えていくことになるのです。

◆農民に浪人が加わって一揆勢力は拡大

松倉重政の圧政は、きわめて異常でした。キリシタンに情け容赦は無用、という感覚です。

前任の有馬氏は、領内に日野江《ひのえ》城と原《はら》城という二つの城を持っていました。このうち日野江城は内陸にありますが、原城は海に突き出した岬にあります。後者は三方を海に囲まれた場所で、守りやすいという理由の他に、おそらく貿易の拠点にしようとも考えていたのでしょう。

ところが重政は、もうキリシタンと縁を切る以上は必要ないとして、二つの城とも破壊してしまいます。その上で、新たに島原城の築城を開始するのです。莫大なお金がかかることは、言うまでもありません。

もともと島原藩は四万石程度なので、そのお金を捻出することは困難です。そこで重政は、領民から徹底的に搾《しぼ》り取ろうとするのです。例えば、「この田んぼからは一石のコメが取れるはずだ」と勝手に決めつけ、「税金として半分の五斗を出せ」と迫る。当然、払えないわけですが、そうすると苛烈な罰を加えるわけです。

それを象徴するイヤな言葉に、「蓑《みの》踊り」があります。蓑といえば当時のレインコートですが、重政は税金を払えない領民を捕まえ、裸にして後ろ手に縛り、蓑を着せて火を放って殺すということをした。「払えないヤツはこうなる」という見せしめです。

こういう圧政が、一揆を引き起こすことになりました。寛永十四年（一六三七）、三代将軍家光の時代に、島原南部の有馬地方で、いよいよ我慢の限界を超えた農民が代官を殺害して蜂起します。

その指導者が、有名な天草四郎。天草生まれだからそう名乗っていましたが、本名は益田《ますだ》四郎時貞《ときさだ》と伝わっています。この人物は、小西行長《ゆきなが》で知られる小西家の浪人の息子だったようです。そこで天草四郎の前に、小西家の話をしておきます。

行長もキリシタン大名でしたが、関ヶ原では西軍の石田三成《みつなり》の味方をして敗北し、捕えられて三成、安国寺恵瓊《あんこくじえけい》らと一緒に京都の六条河原で斬首されました。そ

●島原の乱
筑後
肥前
有明海
島原城
熊本
雲仙岳
長崎
日野江城
原城
富岡城
本渡
天草諸島
肥後
一揆勢の動き

の小西家の領地が、肥後国（現・熊本県）でした。

秀吉は朝鮮出兵の基地として、「呼子《よぶこ》のイカ」で知られる呼子の浦（現・佐賀県）に名護屋城を築きました。また、そこへ行きやすいように、腹心の家臣である加藤清正《きよまさ》と小西行長に、当時もっとも豊かな国とされた肥後国を半分に割って与えました。上半分の二五万石が加藤清正、下半分の二五万石が小西行長です。ちなみに、後に加藤家が潰されると、肥後国の全土を細川《ほそかわ》家が治めます。だから細川というのは、合計五〇万石の大大名なのです。

こういう経緯から、小西行長を領主とする南肥後にはけっこうキリシタンがいたわけです。しかし行長が斬首され、小西家が潰されると、いわば〝キリシタン浪人〟が大量発生します。

彼らは当然、幕府に小西家を潰されたこと、そして幕府がキリシタンを弾圧していることに怒ります。その矢先、島原で農民が蜂起したと聞き、駆けつけて一揆軍に加わるわけです。

一揆の集団は農民なので、足軽として戦ったことのある人もいたかもしれませんが、基本的には素人の集まりです。しかし、**そこに職業軍人である小西家の浪人たちが加わることにより、一揆の力は格段に増すことになる**のです。

◆籠城《ろうじょう》戦で展望を失う

その浪人の中の一人が、天草四郎という若者です。彼は「奇跡を起こした」「キリストの生まれ変わり」などと言われましたが、おそらく西洋仕込みの技術を使って、今で言う奇術的なことを何かしたのでしょう。おかげで一揆の象徴的存在になったのです。

彼らは当初、まず島原城を落とし、そこから全国に向けて進軍する計画を立てます。しかし、これが最初のつまずきでした。たしかに松倉氏は油断していましたが、城はやはり軍事施設です。最低限の留守居《るすい》の兵がいるので、そう簡単には落ちません。結局、一揆勢は城の奪取に失敗し、集団としての拠点を失います。

そこで次に考えたのが、松倉氏によって壊された原城に仮屋を建てて拠点とすることです。今の建造物でもそうですが、コンクリートの基礎部分まで壊すのは大変です。あるいは各所にある城跡でも、石垣だけ残っているケースはよくあります。原城もその例に漏れず、破壊されたとはいえ石垣は残っていました。そこを利用しようとしたわけです。

ただし、これが一揆の先行きを決めることになりました。たしかに籠城すれば大軍を相手に戦うには有利ですが、展望が開けないのです。一般的に籠城戦というのは、援軍が来ることを期待して選択します。城に籠《こ》もっているうちに援軍が到着して敵を背後から突くというのが、戦術の基本です。

ところが一揆軍の場合、最初は味方がいないので、むしろ外へ外へと出ていく必要がある。それによって、息をひそめていた人たちを喚起し、味方に加えていかなければならないのです。

だから最初に島原城を奪おうとしたのも、**そこをシンボルとして全国の弾圧されているキリシタンに呼び掛け、兵を集めるつもりだった**と思われます。しかし原城に引いてしまったことにより、その手は使えなくなりました。幕府にとってはまだ手ごわい相手でしたが、もはや一揆軍に未来はなくなってしまったのです。

◆期待した外国勢の応援もなく壊滅する

それでも、一揆軍はなかなか奮戦しました。総勢はおよそ三万七〇〇〇人。当初、徳川家の家臣で幕府側の攻撃司令官を命ぜられた三河深溝《みかわふこうず》藩主の板倉重昌《しげまさ》は、無理な攻め方をして鉄砲の餌食《えじき》になり、自軍を大敗させて自らも戦死します。

そこで幕府は、二人目の総司令官として老中《ろうじゅう》の松平伊豆守信綱《まつだいらいずのかみのぶつな》を派遣します。彼は相当の知恵者として知られ、その役職と「出《い》づ」という表現をかけて「知恵伊豆」と呼ばれていました。

ちなみに幕末、『遠山の金さん』のモデルになった遠山金四郎のライバルとされた鳥居甲斐守耀蔵《とりいかいのかみようぞう》という人物は、非常に陰険で、人を陥《おとしい》れることが好きだったので、「妖怪」と呼ばれました。「甲斐」と「耀蔵」を引っくり返して「耀甲斐《ようかい》」です。

知恵伊豆がとった作戦は、まず長期籠城戦でした。いわゆる兵糧攻めです。食糧補給のアテがない以上、取り囲んでおけば、いつかは全員飢え死にするだろうというわけです。さらにオランダに対し、海上の戦艦から原城を砲撃するよう依頼します。

実はこれは、かなり画期的な作戦でした。当時の船と言えば木造の帆船《はんせん》なので、あまり射程距離の長い大砲は重量オーバーで積めません。そこをあえて艦砲射撃を行った事例は、日本でも、西洋でも、他にほとんどないのです。海に突き出た形の原城だったからこそ可能な戦術でした。

一方、一揆軍がわざわざ原城に籠もったのは、海外のキリスト教勢力の応援を期待していたからという説があります。たいへん魅力的な説ですが、もしそうなら、

島原の乱　筑前秋月藩初代藩主・黒田長興の出陣図と寛永15年（1638）2月27日の原城総攻撃の戦闘図が描かれた六曲一双屏風（「島原陣図屏風─戦闘図─」、朝倉市秋月博物館蔵）のうちの戦闘図（部分）。一揆軍と幕府軍の激戦などが鮮明に描かれている。

タイミングが悪かった。

　例えば大坂冬の陣・夏の陣あたりでは、豊臣方が全国のキリシタン大名に対し、我々に味方して徳川軍と戦ってくれれば、キリスト教を解禁すると呼びかけたようです。この時代なら、まだ判断としてあり得たと思います。日本列島の片隅の小城に追い詰められた状態では、誰も味方しにくいでしょう。このオランダ船からの砲撃は、外国勢をたのみにしていた一揆勢の心を打ち砕いたと思います。

　幕府は当初、貿易に積極的でした。中国・朝鮮との貿易ルートも確保しようとするし、スペイン・ポルトガルともやっていました。しかし海外におけるカトリックの強引なやり方を見て、まずスペイン、次いでポルトガルを締め出します。プロテスタントの国で、「我々は貿易をしたいだけ。布教は求めない」と言ってきたオランダとだけ、長崎の出島限定で貿易をすることになるわけです。

ただし、ポルトガルを完全に閉め出したのは、この島原の乱が終わった後です。**もしその前に閉め出していたら、スペイン・ポルトガル両国は一揆軍の味方をしていたかもしれません。幕府が貿易の道を断とうとするなら、一揆に乗じて幕府に脅《おど》しをかけてやろうという選択肢もあった**はずです。

結局、幕府軍は兵糧攻めの後に総攻撃を仕掛けて原城は陥落、籠城していた一揆軍は全員殺されたと言われています。

Point

もし島原の乱が大坂の陣のときに起きていたら、一揆勢の勝利も十分あった！

なぜ江戸時代の船は貧弱だったのか

◈世界はすでに大型帆船が当たり前だった

三代将軍家光の時代、島原の乱というキリスト教徒の大反乱が起きたことで、幕府は「武家諸法度《ぶけしょはっと》」を改訂して統制の強化を図ります。同時期に同じく強化されたのが、鎖国政策です。

すでに寛永十二年（一六三五）、日本船の海外渡航が禁止されていました。島原の乱後、同十六年（一六三九）には、ポルトガル船の日本来航を禁止します。ポルトガルはカトリック国で危険だから、うっかり日本に入れるわけにいかない、というわけです。

一方、オランダはプロテスタントの国であり、キリスト教の布教はしないという約束を取り付けた上で、貿易を許可します。ただし、日本人からできるだけ隔離するために、国際貿易港である長崎の出島にオランダ商館とオランダ人居住区をつくりました。

寛永十二年にはまた、国内において大きな船を造ってはいけないという「大船《たいせん》建造禁止令」も発布します。おかげで江戸時代の船は、日本の船舶史においてもっとも原始的。「金毘羅《こんぴら》船船《ふねふね》〜」で歌われたような、マストが一本、帆が一枚というスタイルです。

そもそも帆船には三大要素があります。**一つ目は複数の帆、二つ目は甲板《かんぱん》、そして三つ目が竜骨《りゅうこつ》です。この三つが揃《そろ》うことで、船は風力により自在に動くことができるわけです。**

このうち、まず帆について。「日本丸」や「海王丸」など昨今の帆船を見てもわかりますが、複数の帆があります。あるいはジョニー・デップ主演の映画『パイレーツ・オブ・カリビアン』で海賊が乗っている帆船も立派ですが、時代設定としては江戸時代より前です。あるいはヨットですら、帆は二枚です。複数の帆を持つことで、風の方向を自在に操《あやつ》り、例えばジグザグ走行をしたり、逆風の中で前進できたりするのです。

しかし江戸時代の帆が一枚の船では、風が吹く方向に進むだけ。舵は付いているので進路を変えることはできますが、ジグザグ走行などとてもできません。

しかもこの船には、二つ目の要素である甲板がありません。十五世紀ごろから始まる大航海時代、スペイン・ポルトガルが世界の大海原に乗り出し、中南米をはじめあらゆるところに到達できたのは、甲板の発明があったからと言われています。

それまでの船は、いわば一寸法師のお椀《わん》のようなものでした。ちょっと海が荒れれば横波で水が入り、沈んでしまう。しかし甲板は、そこに密閉式の蓋《ふた》をするようなものです。そうすると、お椀はカラの湯たんぽに変わります。カラの湯たんぽなら、絶対に沈みません。傾いても復原します。つまり甲板がつくられたことにより、船はなかなか沈まなくなったのです。

そして三つ目、帆船で欠かせないのが竜骨をはじめとする骨組みです。今の船でもそうですが、この部分をがっちりつくり、さらに壁で区画を足していくことにより、丈夫な構造になるわけです。

船は四方八方から複雑な力がかかります。内部が単に空洞だと壊れやすい。しかし竜骨がしっかりしていれば壊れにくいし、もし外壁が破られたとしても、その一区画が浸水するだけ。その部分のドアを閉め切れば、さらなる浸水を防ぐことができ、安全な航行が可能になるわけです。

◆大型船が建造禁止になった理由

実は江戸時代前まで、日本でも立派な帆船が造られていました。その典型が、伊達政宗が支倉常長らをヨーロッパに派遣した「慶長遣欧使節団」の乗った船「サン・ファン・バウティスタ号」です。これは日本で造られた西洋式帆船（ガレオン船）で、まさに複数の帆があり、甲板があり、竜骨がありました。一時、宮城県石巻市に復元船が係留されていました。

支倉たちは、この船で太平洋を渡り、メキシコまで行きました。今はパナマ運河を通ればそのまま大西洋に出られますが、当時はまだないので、そこで船を降り、別の船に乗り換えてローマに到達したのです。つまり戦国時代には、日本にもこういう船を造る技術があったということです。

ところが江戸時代に入ると、幕府は鎖国政策にともなって「大船建造禁止令」を出した。海外渡航できる船を造ってはいけないという規制を敷いたのです。その結果、貧弱な一本マストの船しか存在しなくなりました。大型船などがあったら、いつ大名が徳川家に逆らって海から侵攻してきたり、外国と手を組んで攻撃を仕掛けるかもしれないからです。その可能性をできるだけ潰しました。つまり技術の問題ではなく、政策の問題だったわけです。

その象徴が、いわゆる北前船《きたまえぶね》でしょう。甲板で密閉するのではなく、大きな穴が開いていて、階段で下へ降りていけるようになっています。そこに荷物を積み込むわけです。あれは船というより、艀《はしけ》に近い。

だから航行にも細心の注意が必要になります。例えば北海道の箱館《はこだて》（函館）の港でコンブを積み込んで北陸方面へ運ぶとすると、日本海沿岸から十数メートルと離れず、しかも浅瀬に乗り上げない場所を選んで進んでいくんです。それでちょっとでも嵐が来そうなら、乗り越える能力はないので、すぐに近くの港に入る。それが江戸時代の海運だったのです。

漁船も同様です。頑丈な構造にしてはいけない。自由自在に航行できてはいけない。するとどうなるかというと、ちょっとでも嵐があると沖合に流されてしまう。対策としてできることと言えば、帆柱を切り倒して船の動きを止めることぐらいでした。世界中どこを探しても、こんな船は使われていませんでした。

北前船　写真は、北前船模型琴平丸（石川県立歴史博物館蔵）。江戸中期から明治の初めにかけて日本海、瀬戸内海を経て大坂にいたる西廻航路を往来した廻船。北陸では「べんざい」（弁財船）と称した。

　そういう脆《もろ》い船なので、いくつかのドラマも生んでいます。例えば伊勢国白子《しろこ》の船頭だった大黒屋光太夫《だいこくやこうだゆう》は、嵐に巻き込まれてアリューシャン列島まで流され、ロシア帝国に救われて帰国するという数奇な運命を歩んでいます。あるいは土佐《とさの》国中ノ浜村の通称ジョン万次郎も有名でしょう。ちょっと太平洋に出たところで嵐に流され、アメリカの捕鯨船に助けられるのです。彼はアメリカで教育を受けた後、幕末の日本で通訳や教師として活躍しました。

それはともかく、幕府が「大船建造禁止令」を解除したのは幕末のことでした。嘉永《かえい》六年（一八五三）、ペリー提督を乗せた黒船が来航し、不安が高まったことがきっかけです。

余談ながら、実は前年の時点で、幕府は黒船が日本に来るという情報を摑んでいました。アメリカは民主主義国家なので、ペリーが日本の開国を求めて出発する時点で、そのことが新聞記事になるわけです。それが、オランダ経由で日本に伝わっていた。

ところがその後、一年間、幕府は何ら対策を立てませんでした。それで実際に黒船が現れたとたん、大慌てで大船の建造を認めるわけです。

Point

黒船ショックのおかげで大船建造禁止令はなくなった！

「なぜ鎖国したのか？」の理由は「教育勅語《ちょくご》」から読み解ける

◆なぜ国民を戦争に駆り立てる必要があったのか

明治二十三年（一八九〇）に発布された「教育勅語」が、何年か前にしばしば話題になりました。ある識者によれば、これは「明治時代に日本人を戦争に駆り立てるためにつくったもの」であり、「今の時代においては何の価値もない」ものだそうです。

たしかに百年以上も前に書かれたものなので、今から読めば古いところもあるし、時代に合っていないところもあるわけです。しかし、そこだけに目をつけて「けしからん」と言うのもおかしい。評価すべきところもあると思います。

そもそも「勅語」とは「天皇のお言葉」または「天皇の命令」という意味です。つまり「教育勅語」は、教育とはこうあるべきという大日本帝国としての教育理念を語ったものなのです。

その中には、例えば「夫婦相和《あいわ》シ」という言葉があります。儒教の世界では、まず大切なのは縦の関係でした。臣下は主君に対して、忠を尽くさなければいけない。あるいは、子供は親に対して孝を尽くさなければいけない、といった具合です。その上、男尊女卑で妻は夫に従わねばならず、主君に忠義を尽くすため、親孝行をするためなら、妻と離縁してもいいという社会でした。その価値観を一変させているわけです。

もちろん「教育勅語」でも親に孝を尽くせと説いていますが、夫婦も同列に扱っている。これは、同時代の儒教中心の社会だった中国や朝鮮半島などと比べ、断然優れています。こんなことを東アジアの中で言ったのは、おそらく「教育勅語」が初めてでしょう。

あるいはそのあとには、「博愛衆《しゅう》ニ及ホシ」という言葉もあります。親に孝を尽くし、兄弟とは仲良くし、夫婦も仲良くし、友を大切にした上で、博愛、つまり皆を愛せよと説いているのです。

こうして見てくると、「教育勅語」にもいいところがあるとわかるでしょう。これはある意味で当然で、もし全部が悪いのであれば、その時代に長く影響力を持つはずがないのです。これは、歴史以前の常識でしょう。

では、なぜ文句を言われるのか。問題として取り上げられる箇所は、決まっています。それが、「一旦緩急《かんきゅう》アレハ義勇公《こう》ニ奉シ以《もっ》テ天壌《てんじょう》無窮《むきゅう》ノ皇運ヲ扶翼《ふよく》スヘシ」の部分です。つまり、戦争のような非常事態が起きたら、我が国民は公に奉じるために、軍人となって戦えと言っているのです。また「天壌無窮」とは「天と地とともに永遠に続く」という意味で、そういう皇室を「扶翼スヘシ」、つまり「お助け申し上げろ」と説いているわけです。

この表現が軍国主義的であるというのが、よくある批評です。たしかに、国民を戦争に駆り立てる言葉であることは間違いありません。

ではなぜ、国民を戦場に駆り立てる必要があったのか。「それは軍国主義の国家だったから」では、答えになっていません。なぜ軍国主義になったのか。そこと深く結びついているのが、幕末の開国なのです。

◆外国からの脅威が消えた江戸時代

日本が開国したのは、直接的には欧米列強、つまりアメリカ、イギリス、フランス、ロシアなどに開国を迫られたからです。

しかし**江戸時代初期、家康は外国から攻められることを、まったく心配していなかった**と思います。例えばスペインが日本を攻めようと思ったとしても、当時はまだ木造帆船しかありません。それでは大きな大砲を積めないので、さほど脅威にはならないのです。

当時、今の品川や日比谷のあたりまでは海や堀だったので、江戸城はかなり湾岸に近い地域に建てられていたことになります。しかし、仮にスペインの艦船が品川沖まで侵入して大砲を撃ったとしても、江戸城までは届かなかったのです。

しかも、国内の津々浦々には城という軍事基地があり、武士という陸軍の軍団がいた。こういう国に攻め込もうとは、どんな国でもなかなか思わないでしょう。

したがって、むしろ家康の心配は内乱にありました。だから参勤交代や人質政策などの内政に重点を置いていたわけです。

実際、日本は江戸時代の初期に、スペイン・ポルトガルという強大な世界征服帝国の圧力をはね除《の》け、その影響で起きた島原の乱も封じ込め、国を閉じてキリスト教を徹底的に禁止することにも成功した。このあたりで、外国の脅威は消えました。

ところが、**その大前提が崩れたのが幕末です。日本が国を閉じている間に、欧米では産業革命が起こり、蒸気機関が発明されました。これが蒸気船や蒸気機関車を生み出し、世の中を一変させることになる**のです。

蒸気機関にはパワーがあります。それを搭載した蒸気船は巨大にできるし、鉄張りにできるし、帆船では絶対に積めなかった大きな大砲も積めるようになるのです。

また欧米では製鉄技術が進歩したことによって大砲自体も進化し、かつては青銅製でしたが、幕末には鋼鉄製が登場します。これによって射程距離が大幅に延びました。さらに弾丸には火薬が詰められ、当たれば炸裂《さくれつ》するようになりました。

一方、日本の大砲は江戸時代の約二百六十年間、まったく進歩していません。戦国時代と同じく青銅製で、弾丸も単なる鉄球で、飛距離も短いまま。**幕府が武器の改良を禁じ、平和な国家を目指したためです。おかげで国内は長期にわたって平和**

でしたが、欧米との間に圧倒的な差が生まれてしまいました。

だから、黒船は海上から江戸城に砲撃を加えることが可能でしたが、陸上から黒船に向けて大砲を撃っても届かない、もしくは届いても爆発せずに鉄張りにはね返される。銃にしても、欧米型は弾《たま》の装着が早くでき、雨の中でも撃てる。しかも射程距離は日本の火縄銃《ひなわじゅう》の三倍で、貫通力も高い。これでは太刀打《たちう》ちできないはずです。

ところが、幕府は当初、太刀打ちできると考えていました。約二百六十年の間に天皇の神格化が進み、「我が日本は神州《しんしゅう》であり、不滅である」という考えが浸透したためです。そこで「攘夷《じょうい》」と言い出した。外国人を討ち払うということです。

しかし武器の性能の差を考えれば、これが無謀であることは明らかです。実際、長州《ちょうしゅう》藩は下関《しものせき》戦争（馬関《ばかん》戦争）で四カ国連合艦隊にコテンパンにやられ、薩摩藩はイギリスとの薩英《さつえい》戦争でイギリスの軍艦に太刀打ちできず、ようやく目覚めるわけです。もう攘夷は通用しない、開国して、欧米列強に学ぶしかないと。

◆「第二次キリスト教勢力の侵略」に備える

ところで、幕末は別の見方もできます。**「第二次キリスト教勢力の侵略」の時代でもある**のです。

先に述べたとおり、幕府は江戸時代初期にスペイン・ポルトガルという乱暴なカトリックの国を追い払い、布教しないと約束したプロテスタントのオランダとだけ貿易を行います。これが「第一次キリスト教勢力の侵略」で、日本は克服できたわけです。

おかげで日本は平和を享受《きょうじゅ》することになりましたし、**幕府はもう二度と戦争が起こらないよう、国内の大名の力を弱める政策をいくつも打ち出していました。しかしそれらにより、いざ外国と戦うときの力まで落とすことになったのです。**

戦国時代なら、優秀な武将がトップにいました。これは当たり前で、そうでなければ他国に負けるからです。ところが江戸時代に入ると、大名の家に嫡男として生まれれば、優秀でなくても藩主になれました。逆にどれほど優秀でも、それなりの身分の家に生まれなければ、家老になれない。これで国として勝てるかと言えば、絶対に勝てないでしょう。

つまり**江戸時代というのは、天下泰平にどっぷり浸《つ》かり、日本人を戦えなくした。戦争に必要なことをすべて放棄した時代だった**わけです。

ところが、そこに黒船が来た。もう一度、キリスト教の侵略が来た。もう皆で力を合わせて戦うしかない状況に追い込まれたのです。

そうすると、明治新政府は国民に何を教えなければいけないか。それは「いざとなったら戦え」ということでしょう。江戸時代なら、例えば農民や町人は自分の身分を守って仕事をしていればよかった。しかし、これからはそうはいかない。**グズグズしていたら、欧米列強に負け、インドや中国のようにボロボロにされてしまう。だから国民を鼓舞する必要があった**のです。

そういう事情を考慮せず、単に「『教育勅語』は国民を戦争に駆り立てるものだからけしからん」と片づけてしまうのは、いかにも浅薄《せんぱく》な気がします。歴史というものをまったくわかっていないと言えるからです。

当時、もし明治新政府、大日本帝国がそういう姿勢を取らなければ、今ごろ我々はロシア語を話していたかもしれません。あるいは北海道はロシア領、神戸はイギリス領ということもあり得ます。

例えば香港にしても、百年以上にわたってイギリスに「占拠」されていました。中国に返還されたのは一九九七年です。それまでは、エリザベス女王が派遣した総《そう》督《とく》が政治のトップでした。だからジャッキー・チェンの映画などを見ると、香港警察の上司《じょうし》はいずれもイギリス人です。日本もそうなっていた可能性は否定できません。

問題は、平和にどっぷり浸かり、戦うことを忘れた日本人を、どうやって鼓舞するか。国民の間で「何のために戦うのか」「日本なんてどうなってもいいじゃないか」という声が主流になると、戦わせられないわけです。**そこで国民統合の象徴として選ばれたのが、天皇だった**のです。

日本人が何のために戦うのかという大きな理由の一つとして、天皇を持ってきた。あるいは持ってこざるを得なかった。要するに愛国心や、天皇に対する忠義というもので国民をまとめようとしたわけです。それが「教育勅語」の意義なのです。

◆条約の不平等を解消するには戦争に勝つしかなかった

ただし、日本人の意識が急に変わることはありませんでした。

例えば日露戦争のころ、歌人の与謝野晶子《よさのあきこ》は「君死にたまふことなかれ」という詩をつくっています。堺《さかい》の商人の息子である弟が、なぜ戦いに行かなければいけないのかと嘆いた後、「すめらみことは戦ひに　おほみづからは出でまさね」という言葉もあります。天皇はご自分で戦場には出てこないじゃないか、というわけです。

しかし、当時は国際的な戦国時代であり、弱肉強食の時代でした。負ければ植民地になるだけです。だから好むと好まざるとにかかわらず、日本は戦わなければいけなかった。あるいは、むしろ「強食」のほうに回ったほうがいいという意見もありました。福沢諭吉《ふくざわゆきち》の「脱亜《だつあ》論」がそれです。つまり、もうアジアの仲間であることは止《や》めて、欧米列強の仲間入りをしようというわけです。

さらに**日本には、欧米列強と戦わなければいけない理由がありました。幕末に不平等条約を結ばされ、治外法権と関税自主権の喪失という二つの不平等を受け入れてしまったことです。**

このうち治外法権とは、外国人が日本で罪を犯しても、日本の警察は逮捕できないし、日本の裁判所は裁判もできないということです。ただし、これは比較的早く解消されました。問題は、もう一つの関税自主権の喪失です。

関税とは、自国の競争力の弱い商品や産業を守るため、外国製品を輸入する際に課す税金です。その性格上、国家がそれぞれの産業政策に則って自主的にかけるのが筋でしょう。その権利を奪われるということは、ノーガードで戦わされることと同じです。

例えばイギリスの繊維産業が日本の繊維産業を潰そうと思えば、安い商品を集中豪雨的に輸出すればいい。関税をかけられない以上、日本はそれを阻止する手段を持たないわけです。実際、それで潰された例もありました。

日本がこの不平等を解消し、関税自主権を完全に回復するのは、明治四十四年（一九一一）のことです。実に五十年以上にわたり、不平等の状態が続いていたわけです。その間に日本の富がどれだけ失われたか。具体的な数字はありませんが、膨大な額にのぼることは間違いありません。

またこの間、日本はイギリスに大使館を置くことを許されませんでした。設置されたのは公使館と領事館だけで、例えばビザの発行や在留邦人の保護だけが可能でした。つまり大使を置けないわけで、やはり対等のつき合いではないということです。

ではその状態から、日本はどうやって抜け出したのか。そのきっかけになったのが、日露戦争に勝利したことでした。簡単に言えば、**ロシアに勝ったことで、イギリスは初めて日本を対等な仲間として認めた**ということです。もし日露戦争がなければ、あるいは負けていれば、不平等状態はもっと続いていたかもしれません。

この一件は、国際的な地位向上を目指す人々にとって強烈な経験となりました。戦争をして勝つことが必須条件だと思ったわけです。

もちろん戦争は殺し合いですが、単純に「戦争反対」を叫べばいいというものでもない。「教育勅語」も同じです。鎖国と開国の間には、二百年以上の月日が流れました。その前後にも、さまざまな要素がありました。それらをすべて含めて考えないと、本当の歴史的評価はできないのです。

Point

第二次キリスト教勢力の侵略は、日本人の戦闘心を目覚めさせた！

第三章

戦国の後始末、平穏な江戸へ

それでも戦国の世の中はなかなかおさまらなかった

大きな脅威となる有力外様《とざま》大名の取り潰《つぶ》し

◆福島正則《まさのり》の理不尽な失脚

徳川《とくがわ》家は幕府の足場固めのために、関ヶ原の戦いで東軍についた武将であっても、豊臣《とよとみ》家と縁の深い者を切り捨てていきます。いつか反旗を翻《ひるがえ》すことを恐れたのでしょう。その典型が福島正則です。

正則は関ヶ原の戦いでの功績が認められ、家康《いえやす》から広島城を与えられます。石高《こくだか》は五〇万石程度らしいので、かなりの高待遇です。もともと広島城は毛利輝元《もうりてるもと》が大坂城を見習い、ゼロからつくり上げた名城です。しかし関ヶ原の戦い後、幕府に取り上げられていました。

その正則も、「武家諸法度《ぶけしょはっと》」に反したという理由で信州川中島《かわなかじま》に蟄居《ちっきょ》となり、福島家は取り潰し、家臣はすべて浪人となってしまったのです。

では、正則は何をしたのか。

今でもそうですが、広島は雨が降ると水害が多いところです。まして広島城は、三角州と呼ばれる、太田川《おおたがわ》の下流の砂地の大地に築かれていました。立地としてのメリットは、大坂城と同様、堀が深く掘れること。しかも天然の川とつながっているので、いくら水を汲《く》み出しても涸《か》れることがないわけです。しかし裏を返せば、水害には弱いということでもあります。大雨が降ると、城の堀まで水が溢《あふ》れ、石垣が崩れやすくなる。実際、正則の着任後、石垣が崩れたらしい。そこで幕府に修繕を届け出ます。

「武家諸法度」によれば、城を勝手に修繕してはならないことになっていました。城は防御施設でもあるので、それを勝手に修理することは、幕府に対して反乱を企《たくら》んでいるとも取れる、というのが理由です。正則はそのルールにきちんと則《のっと》ったわけです。

ところが、その届け出を老中《ろうじゅう》が握り潰したと言われています。つまり正則は無届けで修繕を行ったことになり、罰せられたわけです。

そのとき、正則は何か言いたいことはあるかと問われ、以下のように答えたそうです。

「大御所様《おおごしょ》（家康）が生きておられれば、いろいろ言いたいことはあります。しかし御当代《ごとうだい》はもうしょうがない」（意訳）

彼自身もわかっていたのでしょう。

その後、広島城に入ったのが浅野長晟《ながあきら》です。秀吉《ひでよし》の奥さんのねねと妹ややの実家が、浅野家です。ねねは秀吉のところに嫁に行きましたが、ややは浅野家を継《つ》いで婿を取りました。それが長晟の父浅野長政です。つまり豊臣秀吉と浅野長政は奥さん同士が姉妹だった。こういう関係を相婿《あいむこ》と言います。したがって**本来、長政は豊臣家を守るべき立場でしたが、聡明で先が読めたためか、どんどん家康のほうにすり寄っていった**のです。

長政の孫の春姫《はるひめ》（高原院）は、家康が六十歳くらいのときに若い女性に産ませた九男の徳川義直《よしなお》に嫁《とつ》ぎます。義直は初代尾張《おわり》藩主、つまり御三家《ごさんけ》の一つである尾張徳川家の始祖です。浅野家は外様大名でありながら、こうして徳川家と縁戚になった。そこで広島城を与えられたわけです。

◆加藤清正《きよまさ》の謎の急死

同じく、秀吉の家臣でありながらその死後は家康に接近した有力大名が、熊本城の加藤清正です。

ただし関ヶ原の戦いには参加していません。**家康に「地元の一揆《いっき》を取り締まれ」と命令され、肥後国《ひごのくに》に釘付けにされるのです。それだけ家康に警戒されていたということ**です。

実際、清正は石田三成《みつなり》と敵対しただけで、豊臣家には恩義を感じていました。いざとなったら豊臣秀頼《ひでより》を熊本城に迎え、天下を相手に戦おうと考えていたと言われています。だから熊本城は、きわめて壮大に造られているのです。その規模は大坂城・姫路《ひめじ》城に匹敵しますが、これらが天下人秀吉の城、家康の命令によって造られた城なのに対し、熊本城は五〇万石程度の清正自身の手だけで造られた城です。いかに場違いに大きいかがわかるでしょう。

家康から見れば、これほどの危険人物はいません。しかも武芸一辺倒の武将と違い、頭もいい。ところが清正は、大坂冬の陣の三年前に急死します。暗殺されたの

熊本城　加藤清正が慶長12年（1607）、茶臼山《ちゃうすやま》に築城した。労力はもとより、「当時の最先端技術が投じられた」と言われる。のちに細川忠利が城主として入ることになる。写真は有名な「二様《によう》の石垣」。熊本市によれば、向かって左の急勾配になっているほうは細川が増築し、向かって右の緩やかなほうは、加藤の時代に築かれたものと見られている、という。

ではないか、とも言われています。いずれにせよ、豊臣家にとって大きな痛手だったことは間違いありません。

また加藤家も、清正の子の代で取り潰されます。「謀反《むほん》を企《くわだ》てた」というのがその理由ですが、これは冤罪《えんざい》だと思います。

しかも、当主が参勤交代のときにスパッと改易《かいえき》した。国元に戻っているときに潰すと言えば、天下の名城である熊本城に籠《こ》もって反抗するかもしれない、と警戒したためでしょう。なかなか周到な取り潰しでした。

加藤家が去った熊本城には、

細川《ほそかわ》家が入りました。やはり外様大名でしたが、徳川家と非常に友好的な関係を築いていた大名でした。

◆奥州の雄・伊達《だて》政宗《まさむね》も恭順《きょうじゅん》

そしてもう一人、徳川家に逆らう可能性のある大大名が伊達政宗でした。

実際、政宗には天下取りの野心があったと思います。あくまでも想像ですが、例えば徳川の天下がひっくり返るような事態になれば、キリスト教の布教の自由を認めることを条件に、スペイン・ポルトガルの援軍を仰《あお》ごうなどと考えていたかもしれません。

もちろん、そんな文書は残っていません。仮に残っていれば、伊達家は江戸時代の初期に取り潰されていたはずです。しかし、これくらい大それたことを考えていた可能性は十分ある。なぜなら、政宗はまだ若かったからです。

関ヶ原の戦いが終わったとき、家康は五十九歳。今日《こんにち》で言えばもう八十歳前後でしょう。一方の政宗はまだ三十代前半。したがって、もし今後数年のうちに家康が亡くなれば、秀吉が亡くなったときと同様、世の中はふたたび混乱する可能性がある。そのときこそ自分の出番だと考えていたと思うのです。しかも跡継《あとつ》ぎの徳川秀《ひで》忠《ただ》は、戦争が下手。一方、戦争のうまい六男の松平忠輝《まつだいらただてる》に、政宗は自分の娘を嫁がせている。つまり娘婿《むすめむこ》なんです。もし自分と秀忠が対立する事態になれば、弟は兄に勝ちたいという気がありますから、忠輝は自分側につくはず。こういう計算も政宗の胸の内にあったと思います。

例えば豊臣と組み、忠輝に徳川家の当主の座を与えると焚《た》き付けて徳川秀忠を倒す。その騒乱に乗じて、自分が天下の主《あるじ》になる。この程度のことは、あの時代の武将なら、当然考えていたはずです。ところが、**家康は政宗の想像以上に長生きでした。期待していたような騒乱は起こらなかった**のです。

政宗は晩年、三代将軍徳川家光《いえみつ》に忠実に仕《つか》えます。「私は家光様の家来でございます」などとも言っていたらしい。やはり頭のいい男なので、もう徳川の天下は盤《ばん》石《じゃく》だと考えて転換したのでしょう。残念ながら、ちょっと生まれるのが遅すぎたという感じです。

Point

家康の想像以上の長生きが政宗の野望を打ち砕いた！

江戸時代の初期、最大の問題は浪人対策だった

◆全国に溢れる失業軍人

家康が統制のためのさまざまな施策を打ち出したにもかかわらず、国内はなお安定しませんでした。戦国時代の傷跡をずっと引きずっていたわけです。完全に清算がなされるのは、五代将軍徳川綱吉《つなよし》のころでした。

その間、とりわけ大きな事件が、慶安《けいあん》四年（一六五一）、三代将軍家光から四代将軍家綱《いえつな》に変わるころを狙《ねら》った「慶安の変（由井正雪《ゆいしょうせつ》の乱）」です。

家光が重病で明日をも知れない状態になり、跡継ぎの家綱がまだ子供のとき、その代替わりの混乱に乗じ、まず江戸の町に火を放つ。あわてふためいて老中が登城

するところを襲って殺す。さらに幼い将軍を人質に取って要求（浪人の救済と幕府転覆を狙ってのことですが）を通そう、という壮大な計画でした（実は家光はこのときすでに死んでおり、その死は伏せられていた。市井の人々は家光がまだ闘病中だと信じていたのです）。

時代劇に登場する由井正雪といえば、たいてい極悪人として描かれます。世の中が平和に向かっているのに、ことさらに乱を起こして徳川を倒そうとする不埒《ふらち》なヤツ、という具合でしょう。しかしそれは、徳川家がでっち上げた虚像なのです。

この反乱の背景には、武士の浪人問題があります。基本的に武士は、主君に仕えて給料をもらっています。その主家が滅んでしまうと、たちまち失業してしまうわけです。例えば、関ヶ原の戦いや大坂の陣で主君を失う武士は多数いたのです。

この浪人問題は、江戸時代に始まった話ではありません。豊臣秀吉が天下統一したころから起きています。その打開策として打ち出されたのが、朝鮮出兵だったのです。

秀吉自身は、これを「唐入り《からいり》」と呼んでいました。「入り」とはずいぶん穏やかな表現ですが、要するに中国に攻め入り、自分の領土にしようと考えたわけです。

なぜ、秀吉はこんな作戦を思い立ったのか。江戸時代に言われたのは、「頭がおかしくなった」というものでした。晩年、秀吉は秀頼の前に鶴松《つるまつ》という嫡子《ちゃくし》を得ますが、わずか三歳で死んでしまいます。それで頭がおかしくなり、とてつもないバカなことをやったんだ、というわけです。

しかし朝鮮出兵は、バカなことではありません。たしかに戦争なので、残酷だし肯定はできないのですが、これは世界史の法則に従った動きなのです。

◆失業対策としての戦争継続

乱世になると、最終的に誰か一人が勝ち残るまで戦いが続きます。逆に言えば、その一人が残るまでには、ものすごく多くの敵が倒されたということでもあります。

例えば織田信長《おだのぶなが》は、朝倉《あさくら》氏を滅ぼし、浅井《あざい》氏を滅ぼしました。跡を継いだ秀吉は、小田原の北条《ほうじょう》氏を滅ぼして、伊達家は屈服させています。つまり天下を取るためには、その民族の中でとびきりの英雄と、その英雄が養成した軍事力が必要ということです。では軍事力とは何かといえば、優秀な兵と優秀な武器です。これは日本に限らず、世界中のどんな歴史でも言えることです。

ところが、その国が統一されて平和になると、優秀な兵も優秀な武器も不要になります。これが武田信玄《しんげん》が治めた甲斐《かいの》国のように、ほぼ兵農一致の兵であれば問題はないでしょう。「君たち、仕事は終わった。世の中は平和になった。もう君たちは武器を返上して、元の農民に戻りなさい」と言えばいいだけです。

戦国時代の前半は、だいたいこんな感じでした。上級武士は田んぼを耕したりはしませんが、下へ行けば行くほど兼業農家です。

農業は基幹産業で、それがないと国は滅びますから、それに従事するのがふつうだったのです。しかし織田信長は、それを画期的に変えた。農民兵主体の軍隊に勝つために、兵農分離をしているのです。「農業をやりたい者は農業をやってよし。ただし、戦いたい者は俺のところに来い。給料を払ってやる」と。ではその給料はどこから捻出《ねんしゅつ》したかというと、商業であり、貿易です。

さて秀吉の場合、天下統一を成し遂げ、そんな兵士も武器も余ってしまった。しかし兵農分離しているから、今さら農民に戻れとは言えない。だいたい秀吉が育てた福島正則や加藤清正が典型ですが、生まれたときから、田んぼなんか耕したことがない連中です。

むしろ、戦争によって名を上げたいという野心に満ちた人が専業の兵士になるわけです。まして浪人の場合、戦争がなくなれば失業を意味します。それを放っておけば、優秀な兵と優秀な武器が合体して反乱を起こしかねません。つまり**秀吉には、戦争を継続せよという強い圧力がかかっていたわけです。**

こういう場合の処方箋は、歴史的に決まっています。例えば古くはマケドニアのアレクサンドロス大王もモンゴルのチンギス・ハンもやったことですが、隣の国を攻めればいいのです。優秀な兵と優秀な武器で攻めれば、新しい領土を獲得できる。

しかしこの作戦は、ある種の矛盾を孕《はら》んでいます。新しい領土を獲得すれば、また兵が増える。その兵を使うために、また隣の国を攻める。

アレクサンドロス大王の東方遠征というのは、まさにその繰り返しだったわけです。どんどん戦争に勝ち、兵にどんどん分け前を与えるのですが、兵はもっと欲しいと言う。そこで、ギリシアの一地方から発達したマケドニアは、どんどん版図《はんと》を拡大し、最終的にインドまで行くわけです。

ちなみになぜインドで止まったかというと、暑いからです。兵士たちが「もういい」と言いだした。お金も地位も領土も欲しいが、暑いインドの土地を欲しがる兵はいない。だから、アレクサンドロス大王はそこで引き揚げるわけです。

しかし、日本の場合はそういきません。「もっと地位が欲しい。あんただって、百姓から関白《かんぱく》になったじゃないか。俺だって、大名になりたいんだ」という武士がいる限り、戦争を終えることはできなかったのです。

そこで**秀吉は、朝鮮とその先の中国に目を向けた。そこへ攻め込むことで、余った兵士と武器を有効に使おうと考えた**わけです。

さらに秀吉には、もう一つ考えがありました。当時の中国は明《みん》ですが、朱子学《しゅしがく》の国家なので貿易をちゃんとやろうとしない。前にも述べたとおり、朱子学にとって「商売は下劣な人間のやること」だからです。しかし中国はアジアの大国であり、貿易による商機が眠っている。そこで秀吉は明を屈服させ、大貿易圏を築こうとしていたのです。それが実現すれば、豊臣家はますます安泰です。このことには「お手本」もありました。スペイン・ポルトガルです。彼らは日本まで来ていました。

だからこそ、秀吉は「やる気」になったのです。

ところが失敗し、秀吉の野望は潰《つい》えました。そのため、浪人問題も解決しないまま残ってしまったのです。

◆大坂の陣に一〇万人の「浪人」が結集した！

実は秀吉亡き後の大坂の陣も、浪人問題こそ大きな原因でした。

関ヶ原で東軍が勝ち、家康が新しい世の中をつくりました。しかし、西軍の兵士は皆殺しにされたわけではありません。石田三成や小西行長《ゆきなが》のような大将クラスは首を斬《き》られましたが、戦場で死ななかった兵士は浪人として生き残っています。**失業した彼らが望むのは、やはり戦争で一発逆転を狙うことです。**

一方、勝った東軍側の武士も、雇用が確保されて満足していたわけではありません。たしかに上級の武士なら、「もう今の地位を守れれば十分」と思っていた人もいるかもしれませんが、下へ行くほど、戦争で手柄を立てて出世したいと望んでいました。

大坂の陣は、その圧力の末に起きたわけです。大坂城に一〇万人の浪人が集まったことからも、いかに巷《ちまた》に浪人が溢れていたかがわかるでしょう。

本来、豊臣家が生き残るには、かつての前田家のように徳川家の家来になるのが最善策でした。前にも述べましたが、前田家は利家《としいえ》の夫人のまつを江戸に人質に出すことで、恭順の姿勢を示したわけです。またこれが先例となって、多くの大名が見習って人質を差し出しました。

同じように、秀頼も淀君《よどぎみ》を江戸に人質に出し、なおかつ大坂城を退去すればよかったかもしれない。しかし、その道は選択できなかった。「秀吉の時代にはペコペコしていたのに、急に態度を変えやがって」という思いから、どうしても抜け切らなかったのです。

それを見越して、全国から一〇万人の浪人が集まってくる。そうなると、もう解散できません。秀頼は、死を覚悟して戦うしかなかったのです。

一方、圧勝した家康側は、〝暴力的〟リストラを断行します。いわゆる落ち武者狩りを徹底したのです。ふつうさらし首というと、「三尺高い台の上」に置くのが定番でした。一尺は約三〇センチなので、およそ一メートルの高さです。しかし大坂夏の陣の後は、わざわざ三段のものを作ったと言われています。それぐらい、多くの落ち武者を処刑したということです。家康としては、「豊臣家に従う者を今度こそ皆殺しにしてしまえば、失業軍人問題は解決する」と思っていたのかもしれません。

◆容赦ない取り潰しで浪人は激増!

ところが、それで世の中は治まりませんでした。むしろその後の施策により、かえって危険度を増すことになります。

家康は幕府の安定のために、もう一つ手を打ちました。前に紹介した「武家諸法度」です。これが後に幕府の憲法となり、将軍の代替わりごとに少しずつ改訂が行われますが、オリジナルは家康が出しました。自ら大名に読み聞かせながら、これに従うように誓いを立てさせています。

そこにはいくつものルールが記されているのですが、その一つに「大名の改易」という項目があります。いわゆるお取り潰しのことですが、例えば幕府の言うことを聞かなかったとか、一揆が起こるような乱暴な政治をしたといった不行跡《ふぎょうせき》があった場合、その大名は潰されると明記したのです。

おそらく家康は、こう考えていたのでしょう。「これから反乱を起こす可能性のある大名は、些細《ささい》な落ち度を見つけて、どしどし取り潰すべし」。取り潰せば、その領土や城は幕府のものになります。つまり、謀反を企てるかもしれない大名は潰れ、幕府は豊かになるから、徳川家としては万々歳、というわけです。

さらに、はっきり記録が残っているわけではありませんが、諸般の政策から明らかなことがあります。外様大名のみならず、たとえ幕府に功績のあった譜代《ふだい》大名でも例外にしないということです。「落ち度があったらきちんと取り潰せ。そうしないと文句が出る」ということを徹底したかったようです。

その典型が、鳥居《とりい》家に対する扱いです。鳥居元忠《もとただ》という武将がいます。家康の幼友達だったとされる人物で、信頼も厚かった。関ヶ原の戦いの前、家康は会津《あいづ》の上杉討伐に向かうのですが、その際にもともと秀吉の隠居城だった伏見《ふしみ》城で留守を預かったのが鳥居元忠です。

単なる留守番ではありません。家康が全軍を率いて東方へ出発すれば、その隙をついて石田三成の西軍が伏見城を攻めて来るはず。それによって先に三成が拳《こぶし》を振り上げれば、家康としても三成を攻める大義名分《たいぎめいぶん》ができる、というのが家康の作戦だったと思います。

しかしそうなると、わずかな手勢で伏見城に立てこもる鳥居元忠は、討ち死にするしかありません。それを覚悟の上で、家康に天下を取らせるために居残ったわけです。実際、三成はそのとおりに動き、鳥居元忠は戦死、それが関ヶ原の戦いへとつながりました。

これほど家康にとって大切だった鳥居家ですが、後に武家諸法度が厳格に適用され、潰されてしまいます。幕府はそれほど厳しく取り締まったということです。

では、武家諸法度の厳格な適用とは何か。たしかに不行跡で潰された大名もありますが、もっと多かったのは「無嗣絶家《むしぜっけ》」です。鳥居家取り潰しの理由もこれでした。要するに跡取りがいなかったということです。跡取りがいないうちに、若い大名が病気や落馬事故などで死んでしまうことがあります。そうすると、その家は問答無用で取り潰しにあうわけです。

今と違って、当時の大名は側室を設けることもできました。あるいは大家族が当たり前で、たいてい兄弟も複数いました。ならば嫡子以外を跡継ぎに据《す》える手もありそうですが、それは武家社会のタブーでした。殿様が若いうちから変に跡継ぎを決めておくと、後で実子が生まれたときに大騒ぎになる。その典型が、昨今話題の「応仁の乱」です。

そういう記憶があるので、殿様が若ければ若いほど、いずれ子供が生まれるだろうと考えて、跡取りを決めなかった。そのため、突然の不幸で打ちひしがれているところに、改易までされることがけっこう多かったのです。

こういう武家諸法度の方針に沿って、徳川将軍家は三代将軍家光のころまで、どんどん大名を取り潰しました。しかしこの厳しさが、徳川家にとってプラスに働いたかと言えば、そうではありません。仮に二〇万石の大名を潰したとすると、およそ五〇〇〇人の兵士が失職します。**潰した石高の合計は数百万石という説もあるので、だとすれば少なく見積もっても一〇万人ほどの兵士が失業した**ことになります。

彼らは何を望むか。それは先に言ったとおり、戦争です。これが世の中が治まらない原因になってしまったのです。

◆最初の倒幕運動、由井正雪の乱

その象徴的な事件が由井正雪の乱だったわけですが、その前に、伏線となる事件がありました。名門の大名・松平定勝《さだかつ》の六男に、松平定政《さだまさ》という人物がいました。

家康の母親の於大《おだい》の方《かた》は、家康を産んだ後で離縁されます。そこで別の家に嫁いだのですが、それが久松《ひさまつ》家で、その四男として生まれたのが定勝です。つまり家康と定勝とは異父兄弟だったわけです。またその縁で、久松家には「松平」の姓が与えられ、非常に優遇されることになるのです。

その息子、松平定政はなかなか気骨のある人物でした。二万石の所領を得ていたのですが、幕閣を公然と非難したのです。「些細な落ち度で大名を取り潰すから、巷に浪人が溢れ、社会不安のタネになってるじゃないか」というわけです。きわめて真っ当でしょう。

それだけではなく、「私の二万石を返上するから、浪人の救済対策に使ってくれ」と申し出ます。武士一人に石高を五石与えるとして、二万石あれば四〇〇〇人分になります。

これに対し、幕府はどう反応したか。聞く耳を持っても良さそうなものですが、まったく持たなかった。それどころか、定政を「乱心者め」「お前は頭がおかしい」と非難するのです。

その理由も、いかにも当時らしい。

「神君《しんくん》である家康公が定めた武家諸法度に、欠陥があるわけがない。家康公の甥《おい》であるお前がそれを批判するのはおかしい」というわけです。それで結局、定政は本当に改易されました。

この一件を踏まえて、軍学者の由井正雪は立ち上がる。慶安四年（一六五一）、もう武力で解決するしかないと思い定めて反乱を画策《かくさく》したのです。

先にも言ったように、計画は将軍代替わりのタイミングを狙って江戸の町に火を放ち、江戸城に火が及んだらいけないとあわてて登城してくる老中を討ち取り、さらに幼い将軍を人質にして、浪人連合の言うことを聞かせようとする、というものでした。

また大坂においては、腹心の金井半兵衛《かないはんべえ》が同じく蜂起する。さらに駿府《すんぷ》では、家康が残した大量の資金を貯め込んだ御金蔵（これは、実は情報ミスだったが）を襲い、それを奪って活動資金とする。つまり三カ所での蜂起を計画したのですが、事前に密告があり、ことごとく失敗に終わりました。由井正雪は駿河《するが》で、幕府の役人に包囲されて切腹を余儀なくされます。

ここでちょっと不思議なのは、そのさいに書き残した遺書が後世に残されたことです。ふつう、こういう遺書は抹殺《まっさつ》されて表には出てきません。**おそらく幕府の役人の中にも、由井正雪に共鳴する者が多数いた**ということだと思います。

そこに彼が書いていたのは、まず松平定政のことです。定政は出家して不伯《ふはく》と名乗り、諸国を行脚《あんぎゃ》していましたが、遺書では「その不伯様が平和的な手段でお訴えになったのに、あなたたち幕府はそれを無視したじゃないか。だから、我々は戦わざるを得なかったのだ」と訴えていたのです。

今日、由井正雪について書いた時代小説や評論等は多数あります。しかし、もし不伯に触れていないものがあるとすれば、それは読む価値がありません。おそらく、由井正雪は悪玉という表面的な見方しかできていないのでしょう。

Point

大坂の陣は失業した浪人たちが一発逆転できるチャンスだった！

戦国末経験だったからこそできた保科《ほしな》正之《まさゆき》の戦国後始末

◆生まれを隠された秀忠の庶子《しょし》

ここまで述べてきたように、江戸時代に入っても戦国時代の余韻は残ったままでした。家康の晩年は、その後始末との格闘だったと言えるでしょう。

実は、同じく戦国時代との決別に貢献した人物が他に二人います。一人が保科正之、そしてもう一人が五代将軍の徳川綱吉です。

なぜ綱吉かと言えば、綱吉の時代までで、戦国時代の常識などがすべてひっくり返り、一つの区切りがつくからです。ところが戦国時代を専門とする歴史家は、戦国時代しか見ないので、どれほど変化したかがわかっていない。**歴史は前後の時代**

を比較して、何が変わったのかを見ることが重要なのです。

まず、ここでは保科正之について述べていきます。

正之は二代将軍秀忠の息子です。第一章でも触れましたが、秀忠といえば、正室は有名な江《ごう》です。浅井長政《ながまさ》とお市《いち》の方の間に生まれた三姉妹の三女。二度、別の家に嫁ぎますが、夫が亡くなって帰ってきた後、豊臣秀吉が当時豊臣家に従っていた徳川家康に命じる形で、家康の跡継ぎとなる三男秀忠の夫人となるわけです。この夫婦は二人の男子を授かります。それが三代将軍家光と忠長《ただなが》。ただし、秀忠にはもう一人、江とは別の女性に産ませた男の子供がいました。

秀忠はたいへんな恐妻家でした。だいたい将軍は家が絶えると困るので、必ず側室を持つものですが、秀忠は徳川将軍家でただ一人、生涯側室を持たなかったのです。

ところがあるとき、鷹狩に出て、江の目が届かないのをいいことに、ちょっと女中に手をつけて妊娠させてしまいます。あわてた秀忠は、その女中が江戸城にいると殺されるかもしれないと警戒し、他所《よそ》に預けることにします。

その預けた先が、武田信玄の娘の見性院《けんしょういん》。もともと武田家家臣の穴山梅雪《あなやまばいせつ》の正室でしたが、梅雪が本能寺の変の時、家康との伊賀《いが》越えで亡くなった後、家康に保護されていた女性です。

そしてもう一人、同じく子供の養育を担《にな》ったのが、見性院の妹の信松院《しんしょういん》（松姫）です。信松院は、俗名を武田松《たけだまつ》と言います。まだ武田家と織田家の仲が良かったころ、信長が信玄に取り入って、長男信忠と婚約した女性です。ところが本能寺の変で信長とともに信忠も亡くなり、松は出家して八王子の寺院に入り、信松院と名乗るようになるのです。おそらく、父親の信玄の「信」と自身の「松」を組み合わせたのでしょう。秀忠の庶子は、この二人に育てられるわけです。

そして元和《げんな》三年（一六一七）以降は、武田家の忠実な家臣だった高遠《たかとお》藩主の保科正光《まさみつ》に預けられます。実は正光には実子がいたのですが、それを差し置いて、預かった子を大切に育てます。かつての主君の娘からの依頼であり、なおかつ将軍家の子であるということで、無下《むげ》にはできなかったのでしょう。

結局、その子が大人になって保科正之となり、保科家を継ぐ形で高遠藩主となるわけです。

◆異母兄・家光の信頼を一身に集める

ところで、徳川秀忠と江の子供である家光と弟の忠長は犬猿の関係でした。しかも、秀忠と江は忠長のほうをかわいがった。家光としては、おもしろいはずがありません。そこで両親が相次いで亡くなると、それを待ちかねたように忠長を殺してしまいます。「将軍である自分の言うことを聞かない」「あいつは謀反を起こしそう」というのが理由ですが、単に忠長を嫌っていただけのことでしょう。

とはいえ、さすがに実弟を殺してしまったことで、少しは寂しい思いをしていたのでしょう。ちょうどそのころ、自分に異母弟がいるということを知るのです。

あるとき、身分を隠して遠乗りに出かけ、雨に降られてたまたま入った寺でくつろいでいたときのことです。そこの住職は相手が将軍様とは知らず、「将軍家って冷たい人が多いですね」と世間話を始めました。

家光が「なぜだ?」と尋ねると、「立派な弟がいるのに、それを無視している」という。あまりにも偶然の話ですが、そこで家光が帰って調べてみると、たしかに見性院や信松院が証明書を残していた。保科正之は保科家の実子ではなく、秀忠の子であると知るわけです。

そこで家光は、正之を召し出します。それまでも大名として知ってはいましたが、自分の弟だとは知らなかった。で、仕事をやらせてみると、非常に優秀。しかも、自分が徳川の血を引いていることをまったく鼻にかけたりしない。むしろ兄貴を立てるわけです。

家光はすっかり正之を気に入り、「松平姓に戻らないか」と提案したのですが、正之は「いや、私は保科家に恩がありますから、保科姓のままでいい」と断ります。子孫は松平姓に戻りますが、本人はずっと保科正之のままでした。

最終的に正之は会津藩主になります。つまり、会津松平家の始祖となるわけです。

やがて家光が死の床についたとき、ただ一人枕元に呼び寄せたのが正之でした。そのとき、「宗家《そうけ》を頼みおく」と伝えたと言われています。家光が亡くなるころ、四代将軍になる予定の家綱はまだ満九歳。だから正之に、「頼むぞ」と言わずにいられなかったのでしょう。

これを意気に感じた正之は、「会津家訓《かきん》十五箇条」を定めます。その第一条は、以下のようになっています。

「大君《たいくん》の儀、一心大切に忠勤を存すべく、列国の例を以《もっ》て自ら処るべからず。若《も》し二心を懐《いだ》かば、則《すなわ》ち我が子孫に非《あら》ず、面々決して従うべからず」

つまり会津藩たるは、他国がどうであれ、常に将軍家を守護《しゅご》すべき存在である。だから、もし幕府に何か頼まれて断るような者が藩主になったら、それは私の子孫ではないから従ってはならない、と説いているわけです。

◆戦国コンプレックスが会津藩の家風をつくる

保科正之が生まれたのは、慶長《けいちょう》十六年（一六一一）でした。つまり、戦国時代が終わるころです。大坂夏の陣で豊臣家が滅んだ時点で五歳なので、戦国のことは何も知らないわけです。

ただし、育てた人物は武田信玄の娘や家臣なので、戦国のことをよく知っていました。彼らによって鍛えられたことは間違いありません。これが、正之と会津藩の将来に大きな影響を及ぼしたのです。

戦国時代と幕末を比較すると、前者では活躍したのに、後者ではだらしない藩が少なくありません。例えば越後《えちご》の上杉謙信《けんしん》は戦国時代に武勇を誇りましたが、その子孫を藩主とした米沢《よねざわ》藩は、幕末にまったく活躍していません。

一方、会津藩はまったく逆のパターンです。**戦国時代はほとんど戦争を経験していないので、逆に江戸時代を通じて藩士たちを鍛えたのです。**当時、ふつうの藩の藩校では、儒教の教育が中心で学問ばかりでした。しかし会津藩の日新館《にっしんかん》では、武芸も熱心に教えたのです。

そのため、幕末に幕府から白羽の矢を立てられることになるのです。多くの藩が武芸を怠《おこた》り、だらしなくなっている中で、会津松平藩は藩士を鍛えている。「あれなら使い物になるだろう」ということで、京都守護職を命じられるわけです。

ではなぜ、会津藩ばかりが藩士を鍛えていたのか。それは**藩祖の保科正之が戦国を経験していないから、逆に「なめられてたまるか」というコンプレックスでがんばった**のではないでしょうか。

そんな意識は、幕政にも反映されます。正之は、まだ子供だった四代将軍家綱になり代わるように、新しい政治を強力に推《お》し進めたのです。

その一つが、末期養子《まつごようし》の禁の緩和です。先述しましたが、大名を取り潰せば取り潰すほど、浪人が増えていきました。**彼らは戦うことしか知らないから、社会不安の種になっていく。**これは家光のころまで、幕府にとってきわめて重要な問題でした。由井正雪の乱は、その典型です。

その状況を観察していた保科正之は、大きな方針転換を図ります。それが「末期養子」の復活です。跡継ぎを決める際、従来は「武家諸法度」に則り、正式に幕府に書面で届け出ておかなければ認められませんでした。だから子供がいないまま大名が急逝したりすると、たちまち跡継ぎ不在で取り潰されていた。これが浪人を大量発生させる大きな一因でした。

それに対して「末期養子」とは、大名が死ぬ間際でも、口頭で後継者を指名できるという制度です。それればかりか、例えば落馬して意識が戻らず死んでしまうといった場合でも、家臣たちが「生前、殿は跡継ぎについてこう仰《おつしや》っていました」と証言すれば、余計な詮索をせずに認めることにしました。つまり遺言が残っていなくても、跡継ぎを決められるようにしたわけです。

これにより、取り潰される大名が圧倒的に減りました。**そのため、社会不安の元だった浪人の数も減らすことができた**のです。

例えば名門の上杉家も、その恩恵を受けています。あるとき、当主が若死にして跡継ぎがいない状態になります。打開策を探ったところ、先代の姫が「忠臣蔵」で有名な高家《こうけ》の吉良上野介《きらこうずけのすけ》に嫁ぎ、男子を産んでいることに気がついた。そこで家臣団は末期養子の届けを出し、「実は、その吉良様のご嫡男《ちゃくなん》を上杉家の跡継ぎにしようということを、殿は仰っていました」と申し出て認められるのです。女系でも認めるあたり、いかに拡大的な緩和だったかがわかるでしょう。

では、嫡男を失った吉良家はどうなるのか。それも心配はいりません。上杉家を継いだ吉良家の嫡男の子供が、今度は養子として吉良家に入ることにした。吉良家から見れば、孫を養子にしたわけです。

だから忠臣蔵で赤穂浪士《あこうろうし》が吉良邸に討ち入るというとき、上杉の殿様は「我が父上を助けに行くんだ」と叫んだ。それはこういう経緯があったからです。

Point

正之の戦国コンプレックスが幕末の強い会津藩を生んだ！

戦国から平和へ、名君・保科正之の幕府安定改革

◆「殉死《じゅんし》の禁止」は戦国の終わりを象徴した

保科正之はたいへんな名君で、「末期養子」以外にもさまざまな施策を打ち出し、幕府の運営を安定に導いています。

その一つが、殉死の禁止。それまで、殉死は茶飯事でした。それは戦国時代だったからです。主君を守るために、戦争で討ち死にするのは武士の名誉であり、義務でもありました。その主君がめでたく畳の上で亡くなられても、冥途《めいど》の旅のご先導をするといった理由で殉死することが、この時代まで当たり前のように行われていたのです。

その余波で、世間から「商腹《あきないばら》」とバカにされるような殉死までありました。本当は殉死したくないのに、周囲から「あの家は当然殉死すべきだ」と思われている家の人間が、子孫の名誉と繁栄のために、仕方なく腹を切ることを指します。「商腹」という言葉こそ使っていませんが、それをテーマにしたのが、森鷗外の小説「阿部一族」です。細川家の話なのですが、当然、殉死すべきだと思われている人が、主君から「殉死は禁止」と命じられて生き永らえるわけです。そうすると、周囲から「腹を切るのが恐いんだろう」「臆病者め」と笑われたため、本当に腹を切ったら、今度は「主君の命令に逆らった」として一族が皆殺しにされるという、なんとも理不尽な話です。

保科正之がその禁止令を出したのは「もう戦国は終わったことだし、これからは新しい社会を建設するんだから、殉死は絶対イカン」という意識だったのでしょう。それでもなお、禁を破って殉死する人が後を絶ちませんでした。そこでたいへん厳しいのですが、勝手に殉死した家臣の家は取り潰すというルールも設定した。これなら、もう商腹も出ないはずです。

これとは別に、正之は「大名証人制度」も改革します。ここで言う「証人」とは人質のことで、江戸時代初期まで幕府は大名の正夫人と嫡男のみならず、家老あたりの妻子まで人質として江戸屋敷に住まわせていました。万一の場合に、反乱を起こせないようにしていたわけです。

しかし、家老家あたりからの人質は縮小していった。大名の正夫人と跡継ぎの嫡男だけ江戸にいればいいという形にしたのです。

◈松尾芭蕉《ばしょう》も働いた江戸の水道整備

また、玉川上水《じょうすい》の開削《かいさく》も保科正之の指示によるものです。

江戸は関東平野で江戸湾があり、本拠を置くには向いていますが、**大坂などと違う悪い条件はデコボコがあること。**天下を取った家康は、各大名に動員をかけ、それを平坦《へいたん》にします。

例えば東京・神田には、神田山（神田台）という山がありました。江戸幕府は、それを削り、その土で入り江を埋め立てて生まれた土地が築地です。今でも地名に名残りがあって、神田山は神田駿河台になりました。だいたい東京には常磐《ときわ》台・市ヶ谷台など「台」の付く地名、渋谷、日比谷など「谷」の付く地名が多いのですが、それは江戸がデコボコだった名残りなんです。

もう一つ、**大都市としての江戸のデメリットは、治水が難しかったこと。**今日、千葉県と茨城県の県境を流れる利根川《とねがわ》は、もともと東京の日比谷あたりに流れ込んでいました。しかし大雨が降るたびに氾濫し、周辺に被害をもたらしていた。そこで家康は、利根川の流れを大きく北側へ移動させたのです。家康が生きている間には完成しませんでしたが、おかげで江戸は氾濫の恐怖から解放されました。

一方、江戸は台地が多いため、常に水不足でもありました。そこで、日本で初めて大規模な水道施設を設置した。それが玉川上水や神田上水です。

もともと日本各地には綺麗な川が流れています。例えば岐阜《ぎふ》市を流れる長良川《ながらがわ》は、今でも清流でアユが取れたりします。そういう川に恵まれているので、水道は必要なかったのです。

しかし江戸は違う。例えば神田上水の場合、西方の井の頭池などを源泉として水路を江戸市中まで引っ張ってきたわけですが、その高低差は一〇メートルもありませんでした。それでも水流が途切れなかったわけですから、かなり高い技術で設置されたことがわかると思います。

ちなみに、貞享《じょうきょう》～元禄《げんろく》年間に活躍した俳人の松尾芭蕉も、アルバイトで水道工事の現場監督をやっていたそうです。

◆外堀の役割だった川に橋をかける

そしてもう一つ、保科正之の功績は、江戸の町に火事対策を導入したことです。明暦《めいれき》三年（一六五七）、「江戸三大火事」の一つである明暦の大火が発生しました。当時、おそらく江戸はロンドンやパリよりも大きい世界一の大都会で、人口も一〇〇万人ほどいたという説があります。そのうち、この火事で一〇万人も亡くなっているのです。

これにより、江戸城の天守閣《てんしゅかく》も焼け落ちました。江戸城は武家の棟梁《とうりょう》である征夷大将軍が住む場所です。征夷大将軍はそもそも平安時代、桓武《かんむ》天皇が異民族である蝦夷《えみし》を討つために任命した将軍であり、日本国を守る軍隊のトップです。ということは、江戸城は軍事要塞《ようさい》でなければならない。その象徴として必要不可欠と考えられていたのが、天守閣です。

しかし天守閣は、居住スペースにはあまり適しません。織田信長は高所が好きなのか、部下を見下ろす形で君臨したいのか、天主（天守閣）に住んでいたふしがあるが、ふつうは誰も住まないのです。通例では、大名はその横にある平屋建ての本丸御殿、二の丸御殿に住んでいる。天守閣が利用されるのは、軍議をしたり、役所として事務作業をしたり、敵が攻めてきて籠城《ろうじょう》したりするときだけです。

天守閣の歴史は意外に新しく、織田信長が岐阜城に築いたのが本格的なものとしては最初です。以来、城と天守閣は付きもののように考えられました。だから江戸城の再建にあたり、当然天守閣も再建されるはずでしたが、それに異を唱えたのが保科正之です。もう平和な時代だから、江戸城に軍事施設としての天守閣は不要、というわけです。

もちろん、これには多数の反対意見が寄せられました。各地には、例えば名古屋城とか、姫路城とか、立派な天守閣のある城が少なくありません。その中で、将軍の城だけ天守閣がないのはみっともない、というわけです。

しかし正之は、こうした意見を突っぱねます。「そんな費用はもったいない。大名にやらせるにしても、その大名が疲弊してしまう。今はもっとやるべきことがある」として、天守閣を建設しない分、そのお金を庶民の救済に回したのです。

そもそもなぜ、一〇万人もの死者を出したのか。その理由の一つは、**大川《おおかわ》（隅田《すみだ》川《がわ》）に橋がかかっていなかった**ことです。江戸市中が丸焼けになりそうなとき、逃げようとした人々は江戸の東側を流れる大川まで来たのですが、そこに橋がないので多くが溺死《できし》したわけです。

橋がないのは、戦国時代の名残りで、防衛のためです。当時の感覚で言えば、大川は江戸城の一番の外堀でした。かなり深くて徒歩では渡れないので、たしかに有効な防衛線だったのです。そこに橋をかければ、防衛力は一気に落ちます。だから橋をかけず、多くの人が亡くなったのです。そこで正之は、大川に橋をかけた。「もう平和な時代なんだから、いいだろう」と決断したわけです。

現代人の感覚だと、川に橋をかけるのは当たり前でしょう。しかし当時は、当たり前ではなかった。例えば、今の静岡県の中央部に大井川《おおいがわ》があります。それより西は遠江《とおとうみ》（現・浜松市あたり）で、東は駿河（現・静岡市あたり）です。その大井川には、ついに江戸時代が終わるまで橋はかかりませんでした。だから時代劇でよく見るように、どんな人でも川越人足《かわごしにんそく》を使って渡るしかなかったのです。

これも、外堀感覚によるものでした。経済効率を考えれば、人や物を運ぶ上で、橋があったほうがいいはずです。しかし**大井川は、最後まで外堀であり続けた**のです。

ちなみに、一〇万人も死者が出ると、遺体を葬《ほうむ》るのも大変です。特に大変だったのは、その人の宗旨《しゅうし》がわからないことです。「この人は浄土《じょうど》宗の信者だ」「この人は

両国橋　明暦の大火をきっかけに、大川（隅田川）に防災のための橋を設置した。はじめは大橋という名称だったが、武蔵国と下総国の境にあったため、両国橋と名称が変わった。橋の手前の火除地となった広小路には見世物小屋や屋台などさまざまな店が並び、にぎわった（「東都名所　両国橋夕涼全図」、国立国会図書館蔵）。

曹洞《そうとう》宗の信者だ」とわかれば、遺体をどこに運べばいいのかもわかります。しかし丸焼けで誰が誰かもわからない状態では、それもままなりません。

そこで江戸の下町に大きな穴を掘り、一〇万人の遺体を埋めて寺を建てました。それが「諸《しょ》宗《しゅう》山《ざん》回《え》向《こう》院《いん》」。**どの宗旨でも埋められるように「諸宗」なのです。**

後にこのお寺には、動物の死体や、ふつうなら葬られることを許されない犯罪者の遺体なども埋められるようになりました。

例えば幕末、安政《あんせい》の大獄で処刑された吉田松陰《しょういん》の遺体は、一時、回向院の別院に葬られた。しかし、墓碑を建てることは許されませんでした。犯罪者を土に埋めるのはいいが、墓を建ててはいけないというのが江戸時代の掟《おきて》だったのです。

しかし、長州《ちょうしゅう》藩が朝廷に運動を起こし、やがて松陰の罪は取り消されます。そこで高杉晋作《しんさく》は、弟分の伊藤博文《ひろぶみ》を連れ、回向院から松陰の遺体を回収して毛利氏の別邸まで運び、きちんとした墓を建てました。それが今日の世田谷区にある松陰神社です。

あるいは、鼠小僧次郎吉《ねずみこぞうじろきち》の墓も回向院にあります。最初はたぶん憚《はばか》って墓碑はなかったと思いますが、後世に至って建てられました。盗みに「入る」ということから、けっこう受験生に人気があり、墓を削ったりするので、今はそのための石が置いてあります。

◆防衛のため狭くしていた道路を拡張する

そしてもう一つ、大火で多くの人が亡くなった理由は、広い道がないことです。これも戦国の名残りで、大軍が攻めてきた場合、自由自在に動かれてはまずい。だから、わざと曲がり角や路地をいっぱいつくったり、道幅を狭くしたりしたのです。

ところが大火では、それが悪いほうに出てしまいました。密集家屋の中で、大勢の人が退路を断たれて焼け死んだのです。その教訓を踏まえて、江戸市中で初めて広い道がつくられるようになりました。

例えば京都であれば、昔から条坊《じょうぼう》制が敷かれ、御所《ごしょ》の前の朱雀大路《すざくおおじ》を中心に道路が碁盤の目のように張り巡らされていました。あれは中国の都市をモデルにしたのですが、中国の場合はすべて塀で囲まれていました。だから長安《ちょうあん》のことは長安城と言います。そして、夜になると異民族や悪いヤツらが来ないように門を閉じるのです。

明け方には門を開くわけですが、その門は南側にありました。日本の平安京もそうですが、一番偉い人のいる場所は一番北にあります。そこから南へまっすぐ太い道が伸びて、その先に門がある。これを「南大門《なんだいもん》」と言います。大きな都市だと東《とう》大門《だいもん》や西大門《さいだいもん》をつくる場合もありますが、ふつうの都市は南大門だけです。北側から来た商人は、ぐるっと南まで回らないと中に入れなかったわけです。

中国の都市は門をしっかり閉じるから、中は碁盤の目でも大丈夫でした。一方、日本は中国のように異民族の脅威もなかったので、平安京も平城京も塀はありません。そのため、経済的には便利で栄えたわけです。政治の中心が鎌倉や江戸に移っても、商業の中心地はずっと京都や大坂でした。それは、便利さが人を呼び込み、全国の物産が集まったからです。

それに対し、江戸は新しくつくられた町であり、特に町人の住む所は密集家屋でした。だから、大火でやられてしまった。ならば広い道をつくろうという話になるわけです。これにも防衛の観点から反対する人はいましたが、「もう平和な時代だから大丈夫」として押し切ったのです。

Point

戦国時代から平和な時代になり、「防衛」は不要になった!

大名と旗本《はたもと》の対決だった「鍵屋《かぎや》の辻《つじ》の決闘」の顚末《てんまつ》

◈愛憎事件が旗本と大名の争いに発展

先にも述べたとおり、世の中が本当に平和になったのは、五代将軍綱吉のころからです。特に三代将軍家光のころには、殺伐とした事件がいろいろありました。中でも有名なのが、寛永《かんえい》十一年（一六三四）の「鍵屋の辻の決闘」でしょう。これは比較的最近の言い方で、以前は「伊賀越《いがごえ》の仇討《あだう》ち」などと呼ばれていました。「赤穂浪士の討ち入り」「曽我《そが》兄弟の仇討ち」と並ぶ、「日本三大仇討ち」の一つとされています。

その経緯を説明します。

岡山藩主の池田忠雄《ただかつ》という人がいました。彼は徳川家康の孫にあたります。豊臣秀吉の時代、家康の娘が一度、北条氏に嫁ぎましたが、秀吉が北条氏を滅ぼしたので帰ってきました。それを池田家にもう一度嫁がせて、生まれた子供が忠雄です。家康から見れば外孫《がいそん》で、なかなかの名門なのです。

忠雄には、渡辺源太夫《げんだゆう》という、寵愛《ちようあい》する小姓《こしよう》がいました。おそらくは超美少年だったのでしょう。ところが寛永七年（一六三〇）、河合又五郎というやはり男色趣味のある一介の藩士が横恋慕《よこれんぼ》して、源太夫に迫った。当然、源太夫は拒否します。そこで又五郎は逆上して源太夫を殺し、しかも脱藩して江戸へ逃げてしまったのです。

忠雄は激怒します。自分の顔を潰され、自分の恋人を殺されたのですから、当然でしょう。河合又五郎は江戸で旗本の屋敷に駆け込んでいたので、その身柄を要求します。ところが、その旗本は河合又五郎を庇《かば》ってしまう。ここから、旗本と大名の大抗争に発展していくわけです。

そのとき、一触即発を案じた旗本側が妥協案として提案したのが、河合又五郎を外に出すというものでした。つまり、そこから先は自分たちで討て、ということです。それが実行されたのが、鍵屋の辻の決闘でした。

だからこれは、厳密に言うと仇討ちではありません。仇討ちというのは、子や孫が、父や祖父など自分より上の世代が殺されたことに対して、敵《かたき》を討つことを指します。殿様の意を受け愛人の敵を討つのは仇討ちではなく、上意《じょうい》討ち（殿様の命令によって討つ）です。その意味では、**日本三大仇討ちの中で本当の仇討ちは源頼朝《みなもとのよりとも》の時代に、殺された父の無念を晴らした曽我兄弟の仇討ちだけなのです。**

しかし、こんな上意討ちのモチベーションは上がらないはずです。たしかにお家の面目というのはあります。主君に逆らった人間を生かしておけないという気持ちもあると思います。とはいえ殿様の愛人を殺した男が逃げたからといって、大々的に追手を繰り出して討つような話でもないでしょう。

そこで池田家では、源太夫の兄である渡辺数馬《かずま》に仇討ちを命じます。しかしこれも、数馬にとっては不名誉な話です。そもそも仇討ちとは、目上の父や兄が殺された場合にやることです。息子や弟の敵を討つのは「逆縁《ぎゃくえん》」と言い、本来は認められていないのです。

例えば三十代ぐらいの男性が殺されたとする。父親が息子の敵を討つというのは、正式な仇討ちとしては認められない。

ではどうするかというと、この息子の息子、つまり孫が父の敵として討ち、それを祖父として助太刀する。これなら認められました。

そういう正規の形があるにもかかわらず、池田忠雄はそれを無視して敵討ちをさせた。よほど悔しかったのでしょう。

◆旗本はなぜ大名を憎んだのか

そもそも旗本とは、徳川家直属の家臣のことです。原則としてコメで給料を貰っていましたが、五〇石の人もいれば、八〇〇〇石の人もいた。一方、コメではなくお金で給料を貰っている人を御家人《ごけにん》と言います。

ちょっとややこしいのですが、鎌倉時代で御家人と言えば、大変な名誉ある地位で、将軍直属の家来です。つまり江戸時代で言えば旗本並みの待遇でした。ところが江戸時代になると、旗本は例えば正月には布衣《ほい》（礼装）で江戸城に登城できるわけです。

そして将軍のいる広間に通されて、新年の祝賀を述べることができる。これを「御目見《おめみえ》」と言いますが、そういう特権を持っているのが旗本でした。五〇石であれ、八〇〇〇石であれ、無役であれ、奉行《ぶぎょう》のような大きな役についていようがいまいが、御目見以上という格式だったわけです。

それに対して、御家人は御目見以下です。給料をお金で貰うのも、格差の象徴でした。**江戸時代はコメのほうが貴く、お金は商人が使う卑しいものとされていたか**らです。

また旗本は、基本的に江戸在住でした。領地は関東一帯のいずれかにありましたが、そこには住まない。何かあった場合の備えとして、必ず江戸城下に住んでいたのです。

そんな彼らには、「徳川の天下を建てたのは、我々だ」という自負がありました。にもかかわらず、石高は必ず一万石未満です。一方で、大名になれば最低でも一万石。もちろん本多《ほんだ》氏や榊原《さかきばら》氏、井伊《いい》氏など、徳川と縁の深い大名もいますが、中には薩摩《さつま》藩の島津氏のように、つい直前まで徳川に逆らっていた大名もいる。特に島津氏の石高は七七万石です。**自分たちももっと貰っていいはず、不公平ではないかというのが、旗本に共通する不満でした。**

殺人犯の河合又五郎は、それを知っていたのでしょう。だから旗本のところに駆け込んだのです。

実はこういう理由で主家から追われているんですが、匿《かくま》ってくれませんかと。本来ならば殺人犯です。しかも痴情のもつれで、自分の欲情で人を殺したわけですから、旗本は相手にする必要はなかった。こんなバカな奴が来ましたので、お引渡ししますと言えば済む話だったのです。ところが旗本は匿った。それは、積年の不満を抱えていたからなのです。

◆槍《やり》から剣へ、荒木又右衛門《またえもん》の登場

激怒した池田忠雄は寛永九年（一六三二）、とにかく又五郎を殺して首を俺の墓の前に供えろと言い残して憤死します。

一方、河合又五郎を匿った旗本は謹慎を命じられ、又五郎を江戸払い、つまり江戸から追放します。

幕府としては、早く戦国時代と決別し、できるだけ丸く収めたい。逆に旗本はできるだけことを荒立てたい。あわよくば池田家を取り潰しに追い込みたい。幕府もそれがわかっているので、喧嘩《けんか》両成敗という形で決着しようとしたわけです。

しかし、旗本はまだ納得しません。とはいえ旗本仲間が又五郎を支援すれば、また幕府から罰せられます。そこで、旗本に同情的な浪人たちに又五郎を託します。

これによって又五郎は地方に潜伏するわけです。

池田忠雄の命を受けた渡辺数馬は、藩に迷惑をかけたくないとの理由で脱藩します。これはよくある話で、例えば幕末に井伊直弼《なおすけ》を討った水戸《みと》藩の藩士たちも、直前に脱藩しています。今で言えば、警察官が退職して私的に復讐するようなものです。

おそらく数馬は、家老あたりに呼び出され、仇討ちとともに脱藩を命じられたのだと思います。ふつう、脱藩は犯罪行為です。今で言えば国外逃亡を図るようなものなので、藩から討手《うつて》が出ることもある。しかし数馬は脱藩後も自由に動いているので、藩の内意を受けてのことだったことは明らかでしょう。

ただ残念ながら、数馬は剣術が未熟なんです。そこで頼ったのが、姉の婿で大和《やまと》郡山《こおりやま》藩の剣術指南役をしている荒木又右衛門です。荒木又右衛門は柳生新陰流《やぎゅうしんかげ》の達人だったと言われていますが、もちろん池田家には何の義理もありません。しかし義理の弟の頼みとあって、脱藩し手伝うことにしたのです。

ところが、河合又五郎の行方を探るうちに、やっかいな事実が判明します。荒木又右衛門と非常に親しい剣友に、かつて同じ藩にいた河合甚左衛門《じんざえもん》という人物がいました。その甚左衛門が、こともあろうに又五郎を匿う側についていることがわかったのです。またその他にも、旗本から援助を受けたらしい計一〇人の護衛がついていました。その中でも特に有名なのは、槍の名人だった桜井半兵衛《はんべえ》です。

いささか余談ですが、この槍の名人というのも戦国時代の名残りです。あの時代、基本的な武器は槍でした。前田利家をはじめ、槍使いで名を上げた武将はたくさんいます。刀はあくまでも、馬を降りて戦うときの補助兵器なんです。今で言えば、ライフルがメインで拳銃がサブ、という感じです。だから戦国武将たちは、あまり剣術を重んじませんでした。

しかし家康は、習いごとが大好きな人でした。自身を天才ではないと思っていたので、いろいろ人から学ばないといけないと思っていたのでしょう。**その一つが剣術で、周囲にも学ぶことを奨励した。だから各藩に剣術指南役が置かれるようになった**のです。

本来なら槍術《そうじゅつ》指南役こそ置かれるべきですが、もう戦国時代は終わり、馬上で槍を持って戦う時代ではないという考えが主流になりつつありました。だから当時、どんどん槍術は廃《すた》れていったのです。

ただし戦国時代が終わって間もないこともあり、桜井半兵衛のような槍の名人も若干は残っていたということです。江戸時代も中期以降になると、槍の名人はほとんど姿を消します。

それはともかく、河合又五郎の側には、本人も含めて総勢一一人がいたわけです。それに対して渡辺数馬の側は、義理の兄である荒木又右衛門と、数馬が連れてきた軽輩《けいはい》の武士が二人の計四人。数の上では圧倒的に不利でした。

しかし河合又五郎の側は、渡辺数馬に荒木又右衛門という剣の名人が味方したことを知り、もう一度江戸に潜伏しようと考えます。数馬の側はそれを察知し、その道中で待ち伏せて討とうと考えます。

その両者が出会ったのが、伊賀国《いがのくに》（現・三重県）にある鍵屋の辻でした。

◆仇討ち成功も又右衛門は謎の死を遂げる

渡辺数馬の側は、鍵屋の辻の茶屋で待ち伏せします。そこを河合又五郎の一行が通りかかったとき、まず荒木又右衛門が河合甚左衛門を不意打ちにします。甚左衛門は馬に乗っていたのですが、右足を切り落とされたと言われています。この時点で、もう戦闘不能でしょう。馬上から落ちたところで、又右衛門がとどめを刺しました。最強の敵を、まず潰したわけです。

もう一人の強敵である桜井半兵衛に対しては、あらかじめ二人の軽輩に「槍を持たせるな」と指示を出していました。槍は重いので、ふだん本人は持って歩きません。だいたいは槍持ちと呼ばれる足軽《あしがる》などに持たせています。そしていざ戦うという場面になると、「おい、槍をよこせ」と指示するわけです。

ならば、その槍持ちを引き離してしまえばいい。これも成功し、桜井半兵衛は槍を使うことなく討ち取られます。ただそのとき、さすがに半兵衛は強敵なので、軽輩のうちの一人が討たれました。

この時点で、数馬の側が三人なのに対し、又五郎の側はなお九人。しかし又五郎の側は、河合甚左衛門と桜井半兵衛という二本柱を失ったため、戦意を喪失します。多くはその場から逃げ出したと言われています。

そこで数馬と又五郎の一騎打ちということになるわけですが、両者とも剣術が得意ではありません。しかし斬られれば死ぬので、ともに必死です。結局、この戦いは延々五時間も続き、ようやく数馬が又五郎を討ち取りました。

このとき、強い荒木又右衛門がさっさと討ち取れば良さそうですが、それはルール違反です。あくまでも助太刀だからです。数馬がとにかく又五郎にひと太刀浴びせないと、協力できない。そこまでに五時間かかったということです。

この時代になると、若者に戦場経験はないし、剣術の訓練もあまり受けていません。お互いに慣れない刀を振り回し、さんざん苦労したわけです。

一応、これで池田忠雄の恨《うら》みは晴らしたことになります。この一件で、数馬と荒木又右衛門は世間の注目を浴びました。

しかし、その後の後味はあまり良くありません。まず幕府の対応ですが、たぶん旗本たちの反発を嫌ったのでしょう。現場となった伊賀国は、秀吉の腹心だった藤《とう》堂高虎《どうたかとら》に与えられた領地でしたが、数馬と荒木又右衛門はその藤堂家に四年も預けられていたのです。

もともと又右衛門は大和郡山藩士でしたが、脱藩して助太刀しています。しかし世間の評判が上がったこともあり、大和郡山藩は藩への復帰を要請します。一方、岡山藩から鳥取藩に移っていた池田家も、数馬とともに又右衛門も迎え入れたいと申し出ていました。それで結局、二人は鳥取藩が引き取ることになりました。

ところが、鳥取藩に到着してわずか十七日後、又右衛門は急死するのです。死因はわかっていません。おそらく、切腹ではないと思います。仮に切腹なら、むしろ大々的に公表していたでしょう。それによって旗本たちの悔しい思いも多少は晴れるからです。そういう発表がない以上、切腹は考えにくい。

それに彼らは藩の名誉を高めてくれた功労者なので、藩として暗殺する理由もありません。あるいは病気か、事故か、いろいろ取沙汰されていますが、結局のところはわかりません。いずれにせよ、ドラマの幕切れとしては、あまりよろしくなかったということです。

三代将軍家光の時代になり、国内で大きな戦争はなくなりました。では誰もが穏やかに暮らしたかというと、けっしてそうではない。**戦国時代の空気や、常識を知っていた人間がまだ生き残っていて、いろいろ事件を引き起こしていた**のです。

Point

旗本が反乱分子に味方した理由は、幕府に対する不満だった！

戦国が終わったばかりの江戸の町はまだまだ不穏だった

◆町中に溢れる不良中年

江戸時代初期は、江戸市中にも不穏な空気が流れていました。それを象徴するのが、幡随院長兵衛《ばんずいいんちょうべえ》という人物です。日本の俠客《きょうかく》の元祖だと言われています。

当時、関東を中心に「俠客」と呼ばれる人がいました。刀を腰に帯びている旅人です。昔のテレビドラマ「木枯し紋次郎」はフィクションですが、ああいう人たちです。ギャンブルで稼ぐ博徒《ばくと》でもあり、土地土地の親分のもとで世話になり、何かあれば助っ人として戦うわけです。

ただし、当時は「苗字帯刀《みょうじたいとう》」といって、刀を帯びる権利は武士だけが持っているものでした。武士の帯刀は基本的に二本です。だから武士のことを「二本差《にほんざし》」とも言います。逆に言うと、刀を二本差していれば武士、一本しか差していなければ武士ではないということになります。

武士も、例えば料亭などでくつろいでいるときは、「お腰のものを預からせていただきます」ということで大刀を預けることはありましたが、脇差《わきざし》だけは常に外しません。あるいは江戸城内でも、島津氏や毛利氏など、かつて徳川家の敵だった大名が将軍の面前に出る場合には、脇差だけ差すことが許されました。

これは、**幕府から大名に対する信頼の証《あかし》でした。**「お前たちは、もう徳川将軍家に忠節を誓った。しかも武士である。だから大刀は預けなきゃいけないけど、小刀は預ける必要はない」というわけです。

言い換えるなら、武士以外は勝手に刀を帯びてはいけなかった。しかし俠客は、法の抜け穴をうまく利用していたのです。

江戸時代、日本は世界一安全な国でしたが、それでも夜盗・強盗の類《たぐ》いはいました。そこで旅の途中であれば、町人でもいわゆる脇差という小さな刀を差してもいいことになっていました。

ふつうの大刀は、切れ味を良くするために反《そ》りが入っています。それに対して脇差は首を斬ったりすることもあるので、真っ直ぐです。そこで俠客たちは、真っ直ぐなまま長い刀を作らせた。それを「長どす」と言います。本来は脇差ですが、それを極端に大きくしたわけです。だから武士の刀と違って、反りがありません。例えば、座頭市の仕込杖も真っ直ぐです。仕込杖は杖の形をしていますから、反りは入りません。

それに彼らは旅人です。ずっと旅をしているのだから、脇差を差していても非合法ではない。こういう理屈で町中を歩いていた連中の元祖が、幡随院長兵衛です。

長兵衛はもともと軽輩の武士の息子だったらしい。最初は寺侍《てらざむらい》、つまりお寺のガードマンでした。戦国時代、寺には僧兵がいて、織田信長をはじめとする大名をさんざん手こずらせました。そこで織田信長は比叡山《ひえいざん》を焼き討ちにした。坊主なんだから武装解除をしろと迫ったわけです。比叡山はそれに応じました。

これで震え上がった仏教勢力は、江戸時代に入って家康の「仏教勢力はすべての僧兵を廃止せよ」という命令に従いました。だから江戸時代に入ると、お寺はすべて丸腰になったわけです。だから盗賊が狙いやすくなった。そこでお寺も考えたのが、寺侍という仕組みです。

武術の心得のある浪人や足軽の息子などを、表向きは事務係として雇う。そして

彼らにガードマンの役割を担わせたわけです。

◆町奴《まちやっこ》と旗本奴《はたもとやっこ》の争い

侠客は、江戸市中では「町奴」と呼ばれました。彼らは「俺たちのほうが男である」ということで、旗本と競っていた。

収入源は、各所の警備だったり、その名目でお金を集めたり、あるいは神社やお寺の縁日の的屋《てきや》だったり、あるいはその出店の管理をしたりといった具合です。

例えば相撲や能の興行などは、かってはお寺に寄進するために行われていました。それで集まったお金を、お寺に寄付したり、災害時の被害者救済などに使ったりしていたのです。もちろんそういう興行をすれば、興行主としての収入を得られました。つまりボランティアではありません。

そんな町奴たちは、江戸を闊歩《かっぽ》しながら、例えば喧嘩を売って度胸試しをしたり、その喧嘩の強さを誇ったりしていました。いわゆる「男伊達《おとこだて》」ですが、それを競っていたわけです。

ところで、武士は基本的に、頭の中央部分に月代《さかやき》を剃《そ》っておくのが心得でした。

あれは戦いのとき、髷《まげ》を後ろに下ろして兜《かぶと》を被《かぶ》るからです。兜で頭が蒸れないようにしていたわけです。

しかし旗本の中には、傾奇者《かぶきもの》と呼ばれるような者もいた。彼らは長髪のままで、着物にしてもキンキラキンのものを着たり、槍に螺鈿《らでん》づくりのような装飾を施《ほどこ》したりしていた。とにかく派手に振る舞い、同じく男伊達を競っていたわけです。彼らは「旗本奴」と呼ばれました。

旗本奴たちは、だいたい無役です。それもそのはずで、もし役があって江戸城に登城するなら、きちんと月代も剃らなければいけないはずです。それがないから、自由気ままな格好ができたわけです。だからこそ役に就《つ》けないという悪循環です。

しかし、彼らにはそれが不満でした。戦国時代の気風を残している者がいたのです。俺たちのほうが武術は強いのに、なんで算盤《そろばん》しかできないヤツが出世するんだ、というわけです。その不平不満をもって、江戸市中を闊歩していたのです。

つまり**町奴に旗本奴が入り混じり、例えば祭りの場所取りや売るものをめぐって喧嘩を繰り返していた。これが江戸の治安を非常に悪化させていた**のです。

そこであるとき、旗本奴の頭領である水野十郎左衛門《じゅうろうざえもん》によって、町奴の代表である幡随院長兵衛との和解の席が設けられます。しかしこれは罠で、長兵衛は暗殺

幡随院長兵衛（国立国会図書館蔵）

水野十郎左衛門（「極付幡随長兵衛」都立中央図書館特別文庫室所蔵）

されるのです。後につくられた芝居によれば、まず十郎左衛門が長兵衛に「お前、風呂に入っていけ」と勧めます。そして長兵衛が風呂に入って丸腰になったところを、十郎左衛門が槍でズブリと突き刺す、という筋書きになっています。

ただし、これには諸説あります。例えば、幕府が十郎左衛門に「お前たち、ヤンチャばかりするな。特に町奴なんかと喧嘩したら取り潰しだぞ」などと叱ったので、とりあえず長兵衛を殺してしまおうと思い立ったという説もあれば、実際には喧嘩で殺したのではないかという説もあります。いずれにしても、幡随院長兵衛が非業《ひごう》の死を遂げたことは間違いありません。

その後、今で言うと不良少年・不良中年だった彼らも、幕府から取り締まりを受けるなどして、だんだん消滅していきます。ただし町奴については、単に江戸を離れただけかもしれません。彼らはまさに木枯し紋次郎のように、関東を中心に俠客・博徒として生きていきます。あるいは土地の親分に収まり、縁日を仕切ったり、商店街を管理したりして収入を上げる者もいたようです。

◆大久保彦左衛門《ひこざえもん》の名を広めたのは勝海舟《かつかいしゅう》

あらゆる世界史に共通することですが、大きな戦乱が続いた後に生まれてきた人間は、大きく二種類に分かれます。

まず大多数は、平和な世の中を礼讃《らいさん》し、享受《きょうじゅ》していくものです。それに対して少数の人は、もっと早く生まれたかったと悔やむ。そうすれば一国一城の主になれたかもしれないのに、というわけです。

そもそも侍とは軍人なので、本来は戦場《いくさば》でどれだけ敵を殺したかで評価されます。ところが戦争が終わると、算盤のうまい者や口が達者な者が出世する。そうではない侍にとっては、自分のほうが腕は立つはずなのに、という不満が残るわけです。その大本になったのが、有名な大久保彦左衛門です。後世の人によって「天下のご意見番」と美化されていますが、要は不平軍人なのです。

彦左衛門は旗本でしたが、例えば以下の話が有名でしょう。老年で腰が立たなくなったとき、大きな盥《たらい》を持ってこさせてその上に自分が乗り、籠《かご》のように担がせて江戸城に登城していた、というものです。

これは理由があります。当時、籠が使える人は身分によって決まっていました。籠の色にまで規定があったほどです。江戸城内に籠で乗り入れられるのは、かなり身分の高い人だけでした。旗本は無理です。そこで盥に乗り、籠じゃないからいいだろうと嫌味をつけたわけです。

ただし、彦左衛門の名が世に知られるようになるのは、明治以降の話です。本人は、徳川家に対する不平不満を『三河物語』という本に書き散らしていたのですが、子孫はそれをずっと門外不出にしていました。

しかし明治に入り、徳川家が覇権の座から降りたことを見届けてから、子孫はこの本を隠居していた勝海舟のところに持ち込んだそうです。勝はそれを読んでおおいにおもしろがり明治天皇に見せたら、出版せよということになったようです。

Point

喧嘩を売って度胸試し。江戸の町はまだ戦国気分だった！

第四章

綱吉・赤穂事件・三大改革のウソと真実

江戸中期には朱子学の毒が蔓延していた！

「バカ将軍」徳川《とくがわ》綱吉《つなよし》こそ戦国終焉の天才政治家だ

◆平和になっても、武士の物騒な心構えは変わらない

池波正太郎の小説『鬼平《おにへい》犯科帳』では、よく「辻斬《つじぎ》り」が描かれていました。舞台は江戸時代後期ですが、食いつめた浪人が富裕な町人を襲って金を奪うのがパターンです。だから「辻斬り強盗」と言われました。

しかし本当の辻斬りは、金品目的ではありません。むしろ、お金にまったく困っていない人が、刀の切れ味を試すために、金に困っている庶民をたたき斬るものでした。**自分の商売道具に常に磨きをかけ、切れ味を試しておく。それが武士の嗜《たしな》みだった**のです。

「罪もない農民や町人を斬るのはひどいじゃないか」というのは、今の我々の考え方です。戦国武士の考え方で言えば、「農民、町人なんてたたき斬ってもいいんだ。我々のほうが偉くて、我々が国を守っているんだから」というのがふつうの感覚だったのです。

そういう風潮は、戦争が終わって平和な時代になればなくなり、自然に変わるものだと思っている人がいますが、それは間違いです。自然には変わりません。これも、ちょっと考えればわかることです。

現代の例で言いますと、二人の消防士がいたとします。そのうち一人がこう言うんです。

「最近はスプリンクラーが発達し、消火器も各家庭に置くようになった。火災の件数も減ってきた。だから我々消防士は、これまでのような救助訓練はあまり必要ないんじゃないか」

それに対して、もう一人はこう言います。

「いかにそういうものが発達しても、火災がゼロになったわけではないのだから、人命救助訓練や消火訓練を怠《おこた》ってはいけない」

どちらの心がけがいいかと聞かれれば、明らかに後者でしょう。では、これを武士に当てはめてみると、どうなるか。

一人は言うんです。

「もう平和になった。戦争の可能性はほとんどない。ならば兵士としての技量を磨く必要はもうない」

それに対してもう一人は、こう言います。

「いや、戦争はいつ起こるかわからない。外国から攻めてくるかもしれない。我々武士たる者は、常に戦場《いくさば》の心がけを持って、腕を磨いておくべきだ」

どっちが心がけがいいかと言えば、やはり後者でしょう。だから平和になっても、武士の心はそう簡単に変わらないのです。武士は戦争で敵を討ち取る。もっと嫌な言い方をすれば、戦場で人を殺すのが仕事です。真面目な武士であるほど、その仕事のための技量を常に磨いておこうと考えるはずです。

その意識を変えようとするのは、ものすごく大変です。戦争がなくなったとはいっても、まだ武士の世の中です。**武士が支配者なんだから、武士たる者は人殺しの技量を磨いておかなければいけない。そう考えるのがふつうなのです。**

◆技量を磨くためなら、犬も平気でいためつける武士

人殺しだけではありません。例えば、「騎射三物《きしやみつもの》」というものがあります。これは弓道の三大種目のことで、その一つは有名な「流鏑馬《やぶさめ》」です。地面の上に固定した的を立てておき、馬上の武士が弓を構え、通りすがりざまに的を射る。つまり、侍《さむらい》とは馬に乗るものということでもあります。

身分の低い武士は、馬が持てずに走るから足軽《あしがる》と呼ばれます。足軽は、苗字《みようじ》を持っていない場合も少なくありません。ちなみに豊臣秀吉《とよとみひでよし》の父親も足軽でしたが、足軽頭《がしら》だったので「木下」という姓を持っていたと言われています。真偽のほどはわかりませんが。

しかし上級の武士になると、馬に乗れて、自分の紋所《もんどころ》の旗指物《はたさしもの》を差すことができた。つまり自分の名前をアピールすることができたわけです。

実は騎射三物の中でもっとも簡単とされているのが「流鏑馬」なのです。馬に乗っている武士は動きますが、的は固定してあるからです。

それより難しいのが、「笠懸《かさがけ》」です。「流鏑馬」と違って的が分散していくつもあ

り、そのすべてを射なければいけないのです。

そしてもっとも難しいのが、「犬追物《いぬおうもの》」です。二一尋《ひろ》（約三八・二メートル）の縄を輪にした円形の馬場に、一組一二騎として三組、計三六騎の騎手が入ります。そこに一五〇匹の犬を放ち、騎手はそれをできるだけ多く射る。犬は動きが速いので、それを馬上から射るには相当な技量が必要なのです。

しかし、もしこれが百発百中でできるようになったとしたら、戦場で手柄を立てることは非常に簡単になります。だから、犬追物のうまい人は「さすが侍だ」と尊敬されたわけです。

こういったことを普段から鍛えておくのが武士なのです。戦に備えて訓練するのに、動物をいためつけても何の罪悪感もないし、それどころか、そういった技量を磨いておく武士が褒《ほ》められる時代だったのです。まず、その当時の「常識」を頭に入れておかないと歴史は見えてきません。

◆意識改革としての「生類憐《しょうるいあわれ》みの令」

とはいえ、辻斬りなど平気でできるという意識は、そろそろ変えてもらわなくては困る。もう戦国時代は終わり、戦争は当面なさそうな世の中なので、侍も民を慈《いつく》しみ、人命を尊重してもらわなければいけないわけです。

そこで幕府として何をするか。五代将軍綱吉は、人命尊重を訴えることは当然として、それをもっと徹底させようと考えた。**一番簡単なのは犬を殺したりいじめたりしてはいけないというルールを決めることです。つまり犬追物は禁止、犬を大切にしろと。それが有名な「生類憐みの令」の主旨でした。**

これは、「人殺しをやめろ」と言われる立場になって考えればわかると思います。侍の心がけは、常在戦場《じょうざいせんじょう》です。常に敵を殺せる用意をして、そのために犬追物で練習もしているわけです。

ところが、将軍から突然、「犬を大切にしなくてはイカン」と言われたのです。ふつうなら、以下のように考えるでしょう。

「征夷大将軍である公方様《くぼう》がそんなこと言ったの？　武士の棟梁《とうりょう》たる者にしては、武士の心がわかっていないな」

武士にとっては、いきなり価値観の大転換を迫られたわけで、戸惑うのは当然だと思います。そうすると、陰で綱吉のことを「バカ将軍」と呼びたくなるわけです。日記を付けているとすれば、こっそりこう書くかもしれません。

「当代の将軍家は、徳川の治世が始まって以来、もしくは武家が始まって以来のバカ殿だ。どうしてこんな時代に生まれてしまったのか……」

日記は、今日《こんにち》に残っていれば「貴重な文献」ということになります。それを読んだ学者先生方は、「やはり綱吉はバカ将軍だったのか」と判断してしまうわけです。しかし、これはきわめて浅薄《せんぱく》な見方でしょう。

そこに欠けているのは「目的は何だったのか」という視点です。**それは人命尊重の社会にするという、当時としては画期的なことでした。しかも、綱吉はそれを実現させている**のです。

現実に今、我々は「常に犬ぐらい殺せる社会であるべきだ」とは思っていないでしょう。しかし江戸時代初期の武士は、みんなそう思っていたのです。つまり、常識の変換が起きた。誰かが強制的に変えたということです。それが綱吉だったのです。

だから、もし当時の武士の日記を読んで判断するなら、「当時の人々は、綱吉の政策を理解できなかった」ということになると思います。それが、歴史をよくわかっているということです。

◆家康《いえやす》が好きだった「鷹狩」も禁止

実際、綱吉が「生類憐みの令」を出したとき、前時代の意識を引きずっている武士からは非難囂々《ごうごう》でした。とにかく褒める人は誰もいなかったのです。しかし綱吉は怯《ひる》まず、不満を押し切ってこの法律を徹底させます。それだけ政治力があったということでしょう。

そのうち、世の中は代替わりが起こります。新しく生まれた子供は、「犬でも殺しちゃいけないんだな」ということを常識として育っていく。一方、不満を抱いていた武士たちは高齢化して、どんどんこの世を去っていきます。つまり世代交代が起これば、常識は完璧に変わるのです。とにかく**法律さえ維持できれば、いつしか受け入れられて、世の中は変えられる**ということです。

こうして世の中が変わると、人間は以前の常識をあっさり忘れます。人命尊重は良いこと、むやみやたらに人を殺してはいけない、となるわけです。しかも、それが昔から常識だったように思い込んでしまう。そういう新しい常識をつくり出した人の功績も、忘れ去ってしまうということです。

そしてもう一つ、綱吉が禁止したのが鷹狩です。これは神君《しんくん》家康公が一番好きなスポーツでした。武士の鍛錬の基本であり、武士の心得でもありました。すばしっこい野生動物を馬で追いかけることによって、身体を鍛えるわけです。例えば上野の西郷隆盛《さいごうたかもり》像は犬を連れていますが、あれは猟犬です。ウサギ狩りを好んだそうで、ウサギを追い出すのに使ったそうです。

また古くは源頼朝《みなもとのよりとも》が富士山麓で「巻狩《まきがり》」というよく似た催しを行っています。鷹ではなく勢子《せこ》が太鼓や笛を鳴らし、イノシシなどの獲物を追い出させておいて、馬に乗った侍がそれを射止めるというものです。

だから綱吉が「鷹狩禁止」を打ち出したとき、おそらく老中《ろうじゅう》たちは断固反対したと思います。なにせ神君家康公、権現《ごんげん》様が好んでやっていて、禁じていなかったものを禁じるのですから、朱子学《しゅしがく》にどっぷり浸《つ》かった人たちから見れば、綱吉はまさに「バカ殿」です。綱吉は儒教をとても重んじてはいましたが、「朱子学」からは脱却できていました。まさに「天才政治家」と呼ぶべきでしょう。

「生類憐みの令」であらゆる生き物を殺してはいけないということにした以上、鷹狩も例外にはできません。結局、これも認めさせることになるのです。

◆構想力・実行力を兼ね備えていた綱吉

しかも綱吉のおもしろいところは、その政治手法です。

武力を政治の基本とし、「文句があるなら、武力で来い」というのが、戦国時代から江戸時代初期まで続く政治手法でした。いわゆる「武断《ぶだん》政治」です。

例えば三代将軍家光《いえみつ》は、将軍となったときに大名を集め、以下のように宣言しています。

「君たちの中には、私の父親である二代将軍秀忠《ひでただ》や、初代将軍家康と同僚だった者もいるかもしれない。しかし、私は生まれながらの将軍である。私に従いなさい。もし文句があるなら、暇をやるから、領国に帰って弓矢の支度をせよ」

つまり、「文句があるなら、武力で来い」とタンカを切ったわけです。これが武断政治の典型的な考え方でした。

そんな時代を終わらせたのが、綱吉でした。教科書的に言えば「武断政治から文《ぶん》治《ち》主義の時代になった」ということです。一つの基準を設定し、それを全員が守ることによって社会の秩序を保とうという考え方です。当時は、その基準が儒教でした。

儒教の精神を核として、将軍家も大名も武士もそれを守る。なぜ武士や大名が将軍家に従うかと言えば、人間の二大道徳が「忠」「孝」だから。武士たる者は、主君に忠義を尽くすべきである。こういう理屈を打ち立てたわけです。

もちろん、これにもたいへんな反発がありました。武士は人を殺すものという習慣・常識は、古く見積もれば鎌倉幕府以前から連綿《れんめん》と続いてきたわけです。綱吉の時代の十七世紀後半から遡《さかのぼ》れば、ざっと五百〜六百年の伝統がある。それを急に変えるのは、やはり大変な事業でした。

しかし、人がとても不可能と思うような理想を実現するということは、それだけ政策立案能力が高い、つまりアイデアマンでなければ務まりません。また、どれほど優れた政策でも、それを定着させる実行力も不可欠です。さらに、それによって実現されたことが日本にとって、ひいては民族や人類にとって良いことでなければ意味がありません。この三拍子を兼ね備えることが、優れた政治家の条件でしょう。

その点、**綱吉はすべてを持っていた。それだけすばらしい政治家だった**ということです。どう考えても「バカ殿」ではない。近年、綱吉が徐々に評価されつつありますが、今の歴史教育では、まだまだ「バカ殿」ということになっています。歴史教育がいかにおかしいか、この一事からもわかると思います。

◆「イエスマン」柳沢吉保《よしやす》のおかげで、綱吉の改革は成功した

綱吉はまた、幕府内の政治機構にも改革を加えています。これも常人では不可能だったはずです。

もともと徳川家康は、独断専行・トップダウン型のリーダーでした。それは当然で、戦争中である以上、優れたリーダーが即断即決しなければ負けてしまいます。しかし、幕府を開いてこれからは平和な時代が来ると思ったとき、家康が選んだ後継者は、軍事指揮官的リーダーではなく、官僚を束ねるタイプの秀忠でした。

さらに「老中」という制度を公式に設け、政策を合議制で決めることにしました。何事も四～五人の老中が決裁し、将軍に上奏《じょうそう》する。将軍は、基本的にそれを認める。「老中が一致して決めたのなら、それで良かろう」という感じです。言い換えるなら、これは老中の決めたことに将軍がハンコを押すだけの制度なのです。家康としては、これからの平和の時代、誰かを攻撃するか否かをトップが決断しなけ

ればならないような場面はないだろう、このほうが誤りが少ないと読んでいたのです。

ところが、このシステムには致命的な欠陥がありました。何事も、老中は「神君家康公のお決めになったとおり」を踏襲してしまうということです。今風に言えば思考停止で、何も新しいことができない。将軍もそれに従うから、思いどおりの政治ができないということです。

実際、四代将軍家綱《いえつな》の時代まではそうでした。まして家綱は就任時はまだ少年だったので、大老《たいろう》格の保科正之《ほしなまさゆき》に任せるしかなかったのです。

しかし綱吉は違います。将軍が自分で物事を決められるようにシステムを改めたのです。そうでなければ、「生類憐みの令」のような慣例にない、武士の常識を覆《くつがえ》すような法律を制定・実行できるはずがない。その点でも、綱吉は才能があったということです。徳川家康以来の制度を変更したのですから、家康に匹敵する政治の天才と言っても、私は過言ではないと思っています。

ではどう改めたのか。それを象徴するのが、側用人《そばようにん》・柳沢吉保の登用です。一般に柳沢吉保と言えば、悪いイメージが強いでしょう。ドラマ等でもたいてい悪役です。よく言われるのが、「吉保はおべっか野郎だった。綱吉を褒めてゴマをすってばかりいた」というものです。

たしかにそのとおりで、周囲が綱吉の悪口ばかり言っているのに、吉保だけは褒めていた。しかし、「おべっか野郎」というのは間違いです。そもそも吉保は名門の老中ではなく、綱吉が自分の政治をやるために、自分の手で選んだ腹心のスタッフです。だから綱吉のやりたいことを理解している。褒めるというより、賛同して協力するのは当然でしょう。そういうことに気がつかない限り、本当の歴史は見えてきません。それを「おべっか」としか見ないのが、現代の歴史学なのです。

◆新井白石《あらいはくせき》が証明する、綱吉の名君ぶり

そしてもう一人、綱吉の治世を知る上で参考になる人物が、高名な学者の新井白石です。六代将軍徳川家宣《いえのぶ》の政治顧問であり、補佐官でもあった人物です。

その白石は、先代の綱吉の政治を褒めていません。それを見て昨今の学者は「新井白石ほどの大学者が褒めていないのだから、やはり綱吉の政治は悪かったんだ」と早合点しがちですが、それは違います。むしろ、**白石ほどの人物でも、同時代に生きていると綱吉の良さを見抜けなかった**、ということだと思います。

また、新しく政権を取った人は、前の政権を悪く言いたくなるものなのです。幕末の志士もそうでしょう。幕府は悪い、だから倒す。ところが幕府を褒めたとしたら、「そんなに良い幕府をどうして倒すの?」という話になるはずです。**これはもう学識等の問題ではなく、人類の常識なのです。**新井白石も、その例外ではなかったということです。

しかし実は、新井白石という人物自体が、綱吉が名君であることを証明しています。先にも述べたとおり、家康が目指したのは戦国時代からの脱却です。それは競争社会にしないということであり、つまりは身分の固定化ということでもある。後《のち》に勝海舟《かつかいしゅう》が批判していますが、能力にかかわらず、譜代《ふだい》大名の生まれでなければ、絶対に老中になれないようにしてしまったのです。

これは儒教の世界も同じでした。二代将軍から四代将軍の時代まで、林羅山《はやしらざん》を初代とする林家《りんけ》を儒教の家元として固定したのです。これは今日で言えば東大総長のような地位ですが、民間学者の出番をいっさい認めなかったわけです。

ところが綱吉の時代には、荻生徂徠《おぎゅうそらい》や木下順庵《じゅんあん》といった民間の優秀な学者がどんどん抜擢されるのです。新井白石もその一人でした。もちろん、それを最終的に決断したのは将軍綱吉です。将軍が認めなければ、民間人が登用されるはずがないのです。

また、老中も反対したことでしょう。「幕府には林家というものがございます。何かあれば、そちらにお聞きになればいい。氏《うじ》素《す》性《じょう》の知れぬ民間学者など、登用される必要はございません」ぐらいのことは言ったはずです。江戸幕府の伝統的な原理・原則を貫こうとしたはずです。

綱吉はその反対を押し切って、民間からの登用を決めた。それだけ取っても、やはり名君と言っていいのではないでしょうか。

Point

綱吉は自らの意志を通すべく、民間からの人材登用をすすめた！

なぜ浅野内匠頭《たくみのかみ》は殿中《でんちゅう》で刀を抜いたのか
──赤穂《あこう》事件の虚構

◆斬りかかった理由は今なお不明

綱吉の時代に起きた大きな事件と言えば、「忠臣蔵」として知られる赤穂事件です。周知のとおり、これには二つの事件がありました。一つ目は元禄《げんろく》十四年（一七〇一）、勅使《ちよくし》接待役の赤穂藩主・浅野内匠頭が、江戸城内の松之廊下《まつのろうか》で吉良上野介《きらこうずけのすけ》に斬りかかり、失敗して切腹、お家断絶となったというものです。

そして二つ目が、翌元禄十五年（一七〇二）、元赤穂藩の浪士《ろうし》四七人が、主君の恥辱《ちじょく》をそそぐため、吉良上野介を討ったというものです。

しかしこの事件は、世間で持たれているイメージと現実とがかなり違います。また、謎も多いのです。

そもそもなぜ、第一の事件において浅野内匠頭は吉良上野介に斬りかかったのか。だいたい江戸城中において、大名は脇差《わきざし》を差していけないことになっている。当然、この脇差は将軍を守るなど特別な場合を除き、けっして抜いてはいけないことになっている。今でもホワイトハウスや首相官邸にはナイフを持ったまま入れません。しかし、江戸城では「サムライ」のステータスを認めるため、昔は敵だった大名にも脇差だけは差すことを許していたのです。もし、鞘《さや》の鯉口《こいぐち》から約一〇センチ（鯉口三寸《さんずん》）刀を抜いたら、お家は断絶、その身は切腹となっていました。それは将軍の信頼を裏切ったということになるからです。

ところが浅野内匠頭は約一〇センチどころか抜き切り、吉良上野介に怪我《けが》を負わせている。この時点でお家断絶と切腹は免《まぬか》れなかったわけです。後の取り調べによれば、浅野内匠頭はその理由について「吉良殿に遺恨《いこん》があったから」と明言しています。しかしその遺恨が何なのか、実はよくわかっていないのです。

『国史大辞典』（吉川弘文館）という、日本でもっとも権威のある歴史辞典では、忠臣蔵の一番の専門家と言われていた松島栄一さんが以下のように記述しています。

「この間、いわゆる元禄時代の華美な生活様式は、社会のあらゆる面にゆきわたりつつあったため、この勅使下向などの儀式は、形式ともに複雑・美麗をきわめるに至った。しかもこの勅使下向は、毎年の年頭の恒例のもので、まず幕府から将軍の代理が京に上り、勅使が答礼に下る、というようになっていた。元禄十四年は、吉良が将軍代理として上京し、二月の末に江戸に帰ってきた。この月の初めに、接待役すなわち御馳走役が定められていた」

つまり、答礼のために天皇の勅使が江戸城に来られることに備え、その接待役の大名が決められていたということです。それが伊達《だて》家分家の伊達左京亮《さきょうのすけ》と、浅野内匠頭長矩《ながのり》でした。

「吉良はこの時、幕府高家衆の筆頭となっていたため、江戸に帰ってから、浅野らの指導にあたったとき、権威をもち、前例にこだわらず指導した。このことが、若い浅野長矩を逆上させる結果となったと推測される」

しかし具体的な原因については不明とし、推測説として以下の五つを挙げています。

「(一) 突然逆上説、(二) 神経衰弱的急性精神病症説、(三) 吉良の浅野夫人への恋慕説、(四) 赤穂の塩田作法を教えぬとする説、(五) 赤穂塩と吉良塩との競争説など」

しかし、まず (三) がおかしい。江戸時代なので、大名の正夫人は江戸屋敷にいます。ほとんど外出しません。一方、吉良上野介の行動範囲は、自分の屋敷と江戸城と江戸城外、つまり江戸の町ぐらいです。二人が顔を合わせる場がないわけです。

まして江戸時代は、江戸城内を自由に闊歩《かっぽ》することなど許されなかった。将軍の側近でも大奥には入れなかったほどです。大名屋敷もそれに準じていたと考えると、何かのきっかけで吉良上野介が浅野内匠頭の奥方の顔を見て横恋慕《よこれんぼ》するなど、絶対にないと言ってもいいでしょう。

また (四) も不自然です。吉良上野介は、三河《みかわ》に代々受け継《つ》いできた本来の領地がありました。そこでは塩作りをしていましたが、当時から塩作りと言えばもっとも有名なのは赤穂周辺でした。そこで、赤穂事件とは塩の争いだったという説が浮上したわけです。ちなみにこれを最初に言い出したのは、三河出身の作家・尾崎《おざき》士郎《しろう》だと言われています。

それによると、吉良の領地ではなかなか良い塩ができない。一方、浅野内匠頭の領地では良い塩が取れる。だから吉良は内匠頭にノウハウを教えてくれと頼んだのに、内匠頭は言うことを聞かなかった。そこから吉良は内匠頭をさんざんいじめるようになった、というわけです。

しかし、これもおかしい。江戸時代は、機械化・工業化された社会ではなく、自然条件に頼るケースが非常に多かったのです。塩田もまだ原始的でした。砂浜にプールのように海水を溜め、天日で蒸発させながら少しずつ塩分の濃度を上げ、最終的に砂の上に塩を結晶として残すという方法です。

この方法の絶対条件は、雨が少ないこと。雨に降られたら一気に元に戻ってしまうので、これは当然でしょう。ところが吉良の領地は、その意味ではけっして塩田に向いていなかった。一方で赤穂の周辺は雨量が少なくて好条件に恵まれていた。だから、もともと生産力に差があったわけです。技術を教えてもらったからといって、どうこうなるものではなかったのです。

◆大石内蔵助《くらのすけ》も真相は知らなかった

　ではなぜ、浅野内匠頭は「逆上」したのか。真実はわかりませんが、一つのヒントとなるのが吉良邸への討ち入りの場面です。

　ドラマでもよく見るシーンですが、大石内蔵助を筆頭とする赤穂浪士は、まず山《やま》鹿《が》流の陣太鼓《じんだいこ》を鳴らします。あれは、**「我々は泥棒ではない。正規の武士集団による討ち入りである。戦争行為である」ということを知らしめている**わけです。戦争である以上、不意打ちも許されるのです。

　実はこれが、警察と軍隊の違いでもあります。警察は、いかに相手が犯罪者とはいえ、いきなりピストルで撃ってはいけない。「無駄な抵抗はやめなさい」「武器を捨てておとなしく出てきなさい。さもなければ撃ちますよ」と警告することが不可欠です。しかし軍隊同士であれば、相手の油断に乗じて奇襲することはむしろ重要な戦略です。

　それはともかく、彼らは太鼓とともに、「浅野内匠頭家来口上書《こうじょうがき》」という書状を箱に入れて青竹にはさみ地面に突き立てます。自らの正当性を主張した文書ですが、その写しが今日にも残っています。

その文言は、以下のように始まります。

「去年三月、内匠頭儀《ぎ》、伝奏御馳走《てんそうごちそう》の儀に付《つき》、吉良上野介殿へ意趣《いしゅ》を含み罷在《まかりあ》り候処《そうろうところ》、御殿中に於《おい》て、当座遁《のが》れ難き儀ご座候か、刃場（傷）に及び候」

「伝奏御馳走」とは、勅使を接待するという意味です。「意趣を含み」とは、恨《うら》みを抱いていたということ。また「当座遁れ難き儀ご座候か」とは、よほど耐え難きことがあったのでしょうか、という意味です。

ここで大石内蔵助が述べていることは、ドラマ等の演出とかなり違います。ポイントは、「当座遁れ難き儀ご座候か」の一文です。

ドラマ等では、松之廊下の一件に至るまでに、吉良上野介による浅野内匠頭へのイジメのシーンが執拗《しつよう》に描かれるものです。

例えば、接待役として本当はちゃんとした料理を出さなければいけないのに「精進料理を出しなさい」と嘘を教えられたり、金屏風を用意しなければいけないのに「墨絵の屏風でいい」と言われたり、あるいは勅使が来る増上寺《ぞうじょうじ》などの畳替えをし

松之廊下刃傷事件　浅野内匠頭が江戸城内の松之廊下で吉良上野介に刃傷に及ぶ。ご法度だった刃傷に激怒した将軍綱吉は浅野内匠頭に即日の切腹を命じた。赤穂事件は、人形浄瑠璃『仮名手本忠臣蔵』のモデルとなる。歌舞伎などでも上演され、このような浮世絵も当時多く描かれた（「忠雄義臣録」「第三」、都立中央図書館特別文庫室所蔵）。

なければいけないのに「しなくてもいい」と言われたり。これらがすべて、刃傷《にんじょう》沙汰《ざた》への伏線となるわけです。

ところが**口上書を読むかぎり、大石内蔵助はこれらの事情を認識していません。だから「ご座候か（あったのでしょうか）」と問いかける形になっている**のです。

もしドラマのようなことが事実なら、まわりの家来がすべて見ていて、内蔵助に報告しているはずです。それは内蔵助にとって吉良を討つ明確な理由付けになるので、口上書にも書くはずです。それを書かなかったのは、**実は内蔵助自身、なぜ内匠頭が斬りかかったのかわかっていない証拠**だと思います。

◆「討ち入り」は仇討《あだう》ちではない

口上書にはもう一つ、興味深い記述があります。

「時節場所を弁《わきま》えざる働《はたらき》、不調法至極《ぶちようほうしごく》に付切腹仰《おお》せ付けられ、領地赤穂城召し上げられ候儀、家来共迄畏《どもまでおそれ》入存《ぞん》じ奉《たてまつ》り」

我が主君の時と場所を弁えない行為は、不届きであると切腹を申しつけられ、城と領地を召し上げられたのは、家来まで畏れ入るばかり、と殊勝なことを述べているのです。

これは現代に当てはめて考えてみればわかると思います。

例えば海外から国賓《こくひん》を迎えようというとき、準備をしていた外務省職員が宮内庁職員にインネンをつけられたとします。カッとなった外務省職員が、国賓が到着する直前に、こともあろうに迎え入れる迎賓館《げいひんかん》のような場所で宮内庁職員にナイフで斬りかかったとしたら、他の外務省職員はどう思うでしょうか。いくら個人的な恨みが募《つの》ったとしても、もう少し時間と場所を考えることができなかったのかと思うはずです。それが「時と場所を弁えず」ということです。

実際、**浅野内匠頭がどれほど吉良上野介に恨みを抱いたとしても、わざわざ殿中で襲う必然性はまったくなかったはずです。**江戸城を出た後で襲う手もあるし、あるいは屋敷を訪ねて刺し違えることもできました。そうしなかったことを不届きと言われても仕方がないと、内蔵助たちも認めているわけです。

ところがその後、口上書はこの一件を「右喧嘩《けんか》の節」と受けて話を続けています。この殿中の喧嘩の折に、というわけですが、これはおかしい。どう考えても喧嘩ではないからです。

例えば職場の廊下を歩いていたとき、いきなり背後から関連会社の社長に斬りかかられたとします。それを「暴漢に襲われた」とは表現しても、「喧嘩」とは言わないでしょう。しかも吉良は高齢で脇差を抜くこともなく、まったく無抵抗でした。おかげで一方的に重傷を負わされたわけです。ところが、内蔵助はこれを「喧嘩」と表現した。それがいつしか定着し、「松之廊下の一件は喧嘩だった」という話になってしまった。そこから、「喧嘩両成敗ではないのは不公平だ」という議論も出てきたわけです。

前にも述べましたが、赤穂浪士の討ち入りと言えば「鍵屋《かぎや》の辻《つじ》の決闘」「曽我《そが》兄弟の仇討ち」と並ぶ、「日本三大仇討ち」の一つに数えられています。しかしこれは、本当に「仇討ち」だったのでしょうか。

仇討ちとは、自分の親や主君が殺されたとき、その殺した犯人を殺すということです。ところが吉良上野介は、浅野内匠頭を傷つけてすらいません。むしろ被害者に過ぎない。内匠頭が切腹を命じられたのは、あくまでも殿中におけるルール違反の罪です。もし真の意味で仇討ちをするなら、将軍を討たなければならないはずです。実際、口上書にも「仇討ち」という言葉は一度も出てきません。

それが日本を代表する「仇討ち」ということになっているのは、やはり内蔵助の「喧嘩」という言葉に縛られているからでしょう。**「喧嘩ということは、主君は吉良を討ちたかったに違いない。家来としてその遺志を継ぐことは正義だ」というロジックになっている**わけです。

◆吉良上野介の悪人エピソードはほとんど嘘

そして今日では、吉良上野介は極悪人であり、浅野内匠頭は可哀想な犠牲者であるというイメージがすっかり定着しています。

しかし、**ドラマ等でよく描かれる吉良の意地悪な言動は、ほとんどフィクションです**。よくあるのが、いよいよ勅使が江戸に来る前夜、内匠頭が吉良に「どんな服装で迎えればいいですか?」と尋ねるシーンです。もちろん正装で迎えるのが礼儀でしょう。武士の正装といえば、烏帽子《えぼし》を着け、自分の家紋が大きく染め出された大紋《だいもん》という上着を着て、長袴《ながばかま》を穿《は》くというスタイルです。今日で言えば燕尾《えんび》服のようなものです。

それとは別に、袴は長袴ですが、烏帽子は着けず、上着は長裃《ながかみしも》でいいというスタイルもあります。これは今日で言えばモーニングやタキシードぐらいの略礼装の感覚です。

で、吉良は内匠頭に「略礼装でいいよ」と答える。ところが翌日に来てみると、誰もが大紋を着ている。内匠頭は「吉良、許せん!」と激怒するわけですが、忠臣の片岡源五右衛門《げんごえもん》がすでに大紋を用意していて事なきを得る、というのがパターンです。

しかしこのシーンは、真っ赤な嘘です。もう一度二二二ページの記述をご覧下さい。この儀式は何度も行われていて、内匠頭も体験しています。しかも内匠頭はこの勅使接待役を務めるのは二度目です。**そんな人間が、「どんな服装をすれば?」などと聞くわけがない**のです。

こういうエピソードは、おそらく明治時代以降、誰かが創作したのだと思います。「松之廊下で刀を抜いて斬りかかるなんてするはずがない。浅野内匠頭はきっと吉良上野介にいじめられたに違いない。どうなふうにいじめられたことにすれば、一番インパクトがあるだろうか」と、小説家のように一生懸命考えたのでしょう。

そういう人は、あまり江戸城内の実態を知らない。だからむしろ自由な発想で、話をでっち上げやすいわけです。あるいは、先に述べた金屏風や畳替えの話も同様、すべてデタラメです。それが歴史的事実としてまかり通っているところに、きわめて大きな問題があると思います。

では、なぜ「討ち入り」が行われたのか?

そこまで書くと一冊の本になってしまうので、ここは割愛します。詳しくお知りになりたい方は『逆説の日本史』（小学館）を御覧下さい。

Point

内蔵助も事件の真相は知らなかった。「喧嘩」とすることで「仇討ち」に変えた！

幕府をかえってダメにした「江戸三大改革」の真実

◆コメの増産が経済を破壊した

江戸時代にできた言葉に、「貴穀賤金《きこくせんきん》」があります。コメ（農業）を大事にして商業を蔑視する、という意味です。朱子学の普及にともなって生まれた言葉です。

今でも、お金の話をするのは賤《いや》しい、という感覚はあると思います。いきなりギャラの話をするような人とか、がめついとか、金払いが悪いといった人間を、日本人は見下す傾向がある。それは、当時から受け継がれた朱子学の影響でしょう。

ずっと昔の話ですが、私がTBS記者の傍《かたわ》ら江戸川乱歩賞に応募して受賞し、作家としてデビューしたとき、ある出版社から雑誌原稿の依頼がありました。私は当然の疑問として「原稿料は一枚いくらですか」と聞きました。仕事を引き受ける場合、報酬を確認するのは当然のことだと思っていたのですが、しばらくして別の編集者から「井沢さんは金に細かい人間だと言う悪い評判が立っているから、気をつけたほうがいいですよ」と言われました。原稿料を聞いたのがいけなかったらしい。今ではそんなことはないでしょうが、まさに「武士は食わねど高楊枝《たかようじ》」、つまり金銭等に関心のないフリをしなければまともな人間ではないという感覚は、私が若いころにはまだあったのです。つまり朱子学の影響はそのころまで残っていたということです。

第一章で述べたように朱子学では商人を「下劣な人間」と考える。当然その「商行為」によって出た利益「金（銭）」は賤しく、逆に神聖な労働である「農業」によって得られた「穀（穀物、主にコメを指す）」は貴いということになるわけです。

織田信長《おだのぶなが》や豊臣秀吉の時代は、当たり前のように銭で給料を払っていました。これを「貫高制《かんだかせい》」と言います。ところが徳川の時代になると、武士はコメで給料をもらうようになる。その単位が、加賀《かが》一〇〇万石などの「石《こく》」です。

しかも、徳川家康が朱子学を導入したことにより、旗本《はたもと》をはじめとする武士たちは、基本的に商売をバカにするようになった。侍がかかわるべきものではないという風潮をつくってしまったのです。

　これにより、とんでもないことが起こります。

時代を経るにつれ、幕府の財政がどんどん悪化していきました。それをどうにか立て直そうと行われたのが、いわゆる「三大改革」です。教科書的に言えば、まず享保《きょうほう》年間に八代将軍吉宗《よしむね》による「享保の改革」、その次に吉宗の孫で老中の松平《まつだいら》定信《さだのぶ》による「寛政《かんせい》の改革」、そして最後に老中の水野忠邦《ただくに》による「天保《てんぽう》の改革」が行われました。

　三つの改革に共通するのは、とにかくコメの増産を目指したことです。開拓をしてコメを増やせば、みんな豊かになるだろうというわけです。ところが**「貴穀賤金」なので、予算もすべてコメで組まれました。これがやっかいな問題を引き起こす**のです。

　例えば、関東圏内に石高《こくだか》八〇〇〇石の領地を持つ旗本がいたとします。毎年秋になると八〇〇〇石の収穫があるわけですが、税率は「五公五民」で五〇%なので、残るのは四〇〇〇石です。

　ではそのコメをどうするかというと、領地から船で利根川《とねがわ》あたりを下り、江戸の蔵前《くらまえ》などの蔵に納めます。しかしコメだけ持っていても物は買えないので、商人に売ってお金に換えるわけです。その商人のことを、「札差《ふださし》」と言います。由来は諸説ありますが、コメは売買が成立してもいちいち蔵から動かさず、買った商人が名札を書いて米俵に串刺ししていたからだというのが有力です。

しかし、問題はここから。物の値段は需要と供給で決まるのが経済の原則です。秋の収穫期、コメは関東各地から江戸に運ばれるので、町中に溢《あふ》れます。それを時価で取引すれば、大幅に買い叩かれて値段が暴落することは確実です。売る側の旗本にとっては、もっとも損なタイミングで換金しているわけです。

ならば、ずっと売らずに倉庫に貯めておいて、市中のコメが品薄になったタイミングで売ればいいとは、誰もが考えることだと思います。まして飢饉《ききん》にでもなれば、たちまち何倍もの値段がつくでしょう。それまでじっと待っていてもよかったはずです。

しかし、**そういう発想をする人間は武士失格です。それどころか、朱子学によれば「下劣な人間」です。なぜならそれは、「商人のマネ」だからです。だから旗本は、損を承知で安く売るしかなかった**のです。

問題はそれだけではありません。この状態で改革を進めてコメをどんどん増産したら、コメの価値は下がる一方です。つまりコメのインフレ状態になるわけです。

これは、武士の窮乏化につながります。かつて八〇〇〇石の旗本といえば、左団扇《うちわ》でラクに暮らせていたはずです。ところが八〇〇〇石は変わらないのに、生活水準がどんどん落ちてくる。コメの価値が下がれば換金で得られるお金も減るので、これは当然でしょう。

予算をコメで計算していた幕府でも、同じことが起きていました。つまり幕府の財政も、どんどん窮乏化していったわけです。

◆「田沼《たぬま》政治」こそ真の改革だった

しかし改革の本丸は、財政の立て直しだったはずです。そのため、幕府自身も質素・倹約に努めました。例えば吉宗は、大奥の費用を削減しています。これは政府の無駄遣いをなくすことで良いことですが、問題は庶民にまで「絹は着るな。木綿を着ろ」とか、つつましい生活を強《し》いたことです。

これは経済政策としては、まったく逆効果でしょう。まず絹を扱っている職人や商人が失職する。金の飾りを作っている職人も収入が途絶える。つまり経済全体が縮小するわけで、そうなると物も売れないし、民は貧《まず》しくなる。連鎖的に縮小が縮小を生んでしまうわけです。

つまり三大改革が行われていた時代は、いずれも、財政再建どころか自分で自分の首を絞めているだけだったのです。この状況を打開するには、逆の政策を打ち出せばいい。つまりコメの増産を止《や》め、商売を盛んにして、そこから税金を取る。あるいは開国して貿易する。まさに経済活性化政策であり、コメ中心からお金中心への転換です。

そう考えた人物が、幕府内にもいました。それが老中の田沼意次《おきつぐ》です。**田沼が目指したのは、商売を盛んにして税金を取ること。いわゆる重商主義です。**

例えば比較的最近わかったことですが、オランダに対し、巨大な商船を造れないかと打診しています。田沼の視野には、海外貿易があったということです。

これが**家康の生きていた時代であれば、たいへんな功労者として称《たた》えられていた**でしょう。家康が各方面への貿易を画策《かくさく》していたことは、すでに述べたとおりです。

また田沼が実権を握った時代、実際に江戸では町人文化が栄えました。浮世絵にしろ、歌舞伎にしろ、おおいに花開いたのはこの時代です。人々がそういうものにお金を使うようになれば、経済も活性化します。朱子学を追求した他の三つの改革の時代とは、真逆の世界が広がったわけです。田沼の政策こそ、理にかなった財政改革だったと言えるでしょう。

ところが皮肉なことに、**家康によって大多数の武士が朱子学を学ぶようになった結果、貿易や商売は否定され、田沼の政策は幕府の品位を貶《おとし》めるものと評価されるようになる**わけです。

田沼の時代はすでに江戸時代の中期で、大多数の武士は朱子学の信奉者になっていました。朱子学によって「商売は下劣な人間のやること」と思い込んでいる彼らが、田沼の経済活性化政策を快く思うはずがありません。たしかに今の政治家が暴力団とつき合っていたら、間違いなく非難を浴びるでしょう。それと同じように、当時の政治家が「下劣な人間」とつき合えば、極悪人呼ばわりされたわけです。後に寛政の改革を主導する松平定信などは、田沼について、日記に「いつかぶっ殺してやる」とまで書いていたそうです。

かくして田沼は圧倒的多数の武士から反感を買い、失脚したのです。

◆平賀源内《げんない》の多大なる貢献

ところで、田沼がかわいがっていた人物に、平賀源内がいます。周知のとおり、源内は「日本のレオナルド・ダ・ヴィンチ」とも称される科学者であり、著述家でもあります。ちなみに、「神霊矢口渡《しんれいやぐちのわたし》」という歌舞伎の台本も書いています。昨今でもときどき上演されるようです。

また、おそらく田沼のバックアップを受けつつ、日本で初めての物産市のようなものも開いています。どの地方でどういう特産品が取れるのか、江戸の商家を借り切って、展示したのです。もちろん、国内の流通を盛んにしようという意図があったことは間違いありません。

また源内と言えば、有名な話があります。土用《どよう》の丑《うし》にウナギを食べるという習慣は、源内が始めたと言われます。ウナギは本来、冬の食べ物です。だから夏はまったく売れなかった。そこで誰か（おそらくはウナギ屋さん）が源内に相談したところ、「真夏の一番暑いときこそ、ウナギはカラダにいいんだ」といったキャッチコピーを生み出しました。以来、江戸ではウナギを夏に食べるのが当たり前になりました。源内は稀代のコピーライターでもあったわけです。

そしてもう一つ、浮世絵に関しても非常に造詣《ぞうけい》が深かったらしい。本人は絵がそれほど得意ではなかったようですが、その普及に絶大な貢献をしたという説があります。

そもそも浮世絵は、世界に通用する商品です。何しろ世界に類のない、多色カラー印刷だったからです。本や雑誌がカラー印刷になったのはいつか、カラーテレビができたのはいつかを考えてみれば、そのすごさがわかるでしょう。しかもそれが飛び切り高価ではなく、蕎麦《そば》一杯の値段で買えた。これもすごいことです。当時、ヨーロッパでもカラー印刷はありません。だからゴッホは、浮世絵を見て仰天します。構図もすばらしいということで、幕末の開国後にはヨーロッパの全土でジャポニスムのブームが起きるわけです。

これを可能にするには、複数の版木にそれぞれ別の色を塗り、重ね合わせる必要があります。まさに日本の職人芸の極致《きょくち》で、日本人の器用さがなければ難しいでしょう。

ただし問題は、色版が何枚もあるとズレやすいことです。少しでもズレれば、もう商品になりません。そこで「見当《けんとう》」と呼ばれる目印を彫り、ズレないようにしました。ここから、「見当をつける」という言葉が生まれたのです。では、この「見当」を誰が考案したのか。それが源内だという説があるのです。私自身は、それで間違いないと思っています。

何しろ源内は長崎のオランダ商館長とも親しく、例えば温度計を見せてもらっただけでその構造を見破り、同じようなものを作っています。あるいは発電機であるエレキテルも、見よう見まねで作ったと言われています。それほどの人物なら、「見当」を考えつくぐらいは簡単だったのではないでしょうか。だとすれば、源内の日本文化への貢献は計り知れません。

◆ゴリゴリの朱子学が「田沼悪者説」を生み出した

それはともかく、田沼政治からの急旋回《きゅうせんかい》を図るように実施されたのが、「寛政の改革」でした。

その目玉政策となったのが、「寛政異学《いがく》の禁」。異なる学問を禁止するということですが、例えば蘭学《らんがく》など、ジャンルのまったく違う学問がダメと言っているだけではありません。そんなものは南蛮人《なんばん》(中華ではない)のものですから「学問」ではない。そうではなく、同じ儒教の中でも、朱子学の他に陽明学《ようめいがく》や古学《こがく》といった流派がありますが、それもダメ。朱子学しか認めないということです。松平定信はゴリゴリの朱子学徒だったのです。

その定信による〝成果〟の一つが、田沼意次を徹底的に悪者として仕立て上げたことです。「賄賂《わいろ》の帝王」のようなレッテルを貼り、まことしやかな嘘を振りまいた。例えば、あるとき田沼家に「京人形一体」と書いた大きな桐の箱が届き、開けてみたら京都の舞妓さんが入っていた、といった具合です。こういう逸話のほとんどは、松平定信の時代につくられたのです。

加えて、田沼の進めた政策を潰《つぶ》すことにも躍起《やっき》となっていたようです。田沼はロシアとの交易も考え、調査団を派遣していました。ところが、その調査団が帰国後にまとめた報告書をまったく見ようともせず、捨ててしまったのです。幕府がわざわざお金をかけて行った事業ですから、個人の感情を別にして一応は目を通すのが礼儀だと思うのですが、それ以上に田沼が憎かったようです。

おかげで田沼意次といえば、今日のドラマ等でもたいてい悪人扱いです。その治世を暗黒時代のように描く場合もある。しかし現実が逆であることは、先に述べたとおりです。

問題は、そんな定信の嘘を明治以降の歴史学者が鵜呑《うの》みにしていること。三大改革をそれぞれ「改革」と名付けながら、田沼の改革を「田沼政治」と称していることが、何よりの証拠です。つまり、田沼のやったことは改革ではないということです。

たしかに、朱子学をベースとする江戸時代の価値観に従えば、そうかもしれません。しかし現代の感覚で見直せば、どちらが真の改革だったかは明らかでしょう。

そもそも徳川家康が朱子学を導入したのは、秩序のある社会をつくり、幕府に対する反乱を防ぐためです。しかし家康自身が貿易ルートの開拓を画策していたことからもわかるように、経済を度外視していたわけではありません。

しかし、**時代が進むにつれて朱子学がある意味でカルト化し、商売を嫌い、外国を排し、経済を悪化させた。**そして最終的に、もっとも警戒していたはずの反乱を薩摩《さつま》・長州《ちょうしゅう》によって起こされ、幕府は崩壊する。家康の意図は、「改革」を経るごとに大きくねじ曲げられてしまったわけです。ちなみに松平定信は、「商は詐《さ》なり」という有名な言葉を残しています。商売とは人を騙すことだからけしからん、というわけです。国家運営の要《かなめ》である経済についていかに無知だったか、この一文からでもわかるでしょう。

一方、池波正太郎の『剣客商売』では、田沼は洒脱《しゃだつ》でものわかりの良い、商人とも分け隔てなくつき合うお殿様として登場します。さすがに池波正太郎はもともと証券会社の社員だったこともあり、他の作家にはない経済的センスを持っていたようです。

◆江戸から大火が消えたのは吉宗の成果

もっとも、それぞれの改革の時代の政策は、すべて間違いだったわけではありません。朱子学がプラスに働いた面もあるのです。

一般に、アメリカはレディ・ファーストの国と言われます。しかし、それはむしろ、男が女を一段低いものだと見ているからという説があります。弱い者は保護しなければいけない、だからレディ・ファーストなんだ、というわけです。この見方は、あながち外れていないでしょう。

儒教の世界はもっと明確です。エリートは優れているがゆえに、一段低い民衆を救ってやらなければならない、という発想なのです。

それがいい方向に働いたのが、吉宗による小石川養生所《こいしかわようじようしよ》の設立です。貧しい人でも無料（後に有料）で診《み》てもらえる病院です。教会やお寺のような宗教施設は、昔からこういう機能を果たしていました。しかし、宗教とは無縁の行政機関が設立したのは、当時のヨーロッパでもまだ例がありません。

もう一つ、吉宗の功績と言えるのが、火消しの充実です。もともと江戸は大火の町で、明暦《めいれき》の大火では江戸城まで焼け落ちました。しかし同じ江戸時代でも、京都ではまったく大火が起きていません。これは偶然でも幸運でもないのです。

今日でもそうですが、延焼する最大の原因は、火の粉が飛び散ることです。特に茅葺《かやぶ》き板張りの屋根では、ひとたまりもありません。しかし瓦葺《かわらぶ》きにしておけば、かなり防げます。

かつては京都も、大火で何度も痛い目に遭《あ》っています。そこで町家《まちや》であれ、商家であれ、瓦葺きがほとんど義務づけられるようになりました。小さな火事はあったにせよ、それが大火に至らなかったのはそのためです。ところが**江戸では、幕府が当初、庶民の長屋に瓦屋根を許さなかった。だから何度も大火に見舞われた**のです。

そこで吉宗は、江戸の町の大改造に取り掛かります。まずは火除地《ひよけち》をつくること。住居が密集しているから、火が燃え広がりやすいのです。そこで道を広げ、さらにそれまで認められなかった瓦屋根を許します。

その上で、江戸のとび職人たちに「町火消《まちびけし》」という、今日で言えば消防団の役目を与え、区分けして計四八組つくりました。それぞれに地域の防火と消火に責任を持たせたのです。

彼らが一番得意としたのは、「破壊消防」と呼ばれる方法でした。火事になった場合、燃え広がりそうな家屋に先回りして壊してしまうというものです。一応、ポンプのようなものもありはしましたが、一気に燃え広がると間に合わない。だから壊すしかなかったのです。

そのために必要なのは、火がどちらの方向を向いているか、いち早く組の仲間に知らせること。そこで「纏《まとい》持ち」が一番高いところに上がり、纏を振りかざしながら「火はこっちに向かっているぞ!」などと声をかけるわけです。このあたりは、とび職人ならお手のものだったでしょう。

各組のシンボルでもあるこの纏は、将軍から与えられたそうです。「将軍さまからいただいた」という形にすることで、防火意識を高めたのだと思います。

ちなみに町火消の総称は「いろは四十八組」。各組に「い組」「ろ組」「は組」と名前がついていましたが、「へ組」はありません。「屁」を連想するからです。また「ひ組」もない。「ひ」は火を呼ぶからです。それから「ら組」は男性器を想像させるという理由でなし。「ん組」も当然なし。「へひらん(屁をひらん)」と覚えておけばいいでしょう。その代わり、「百組」「千組」「万組」「本組」が存在しました。

いずれにせよ、彼らの活躍により、これ以降は江戸が大火に見舞われることはほぼなくなったのです。

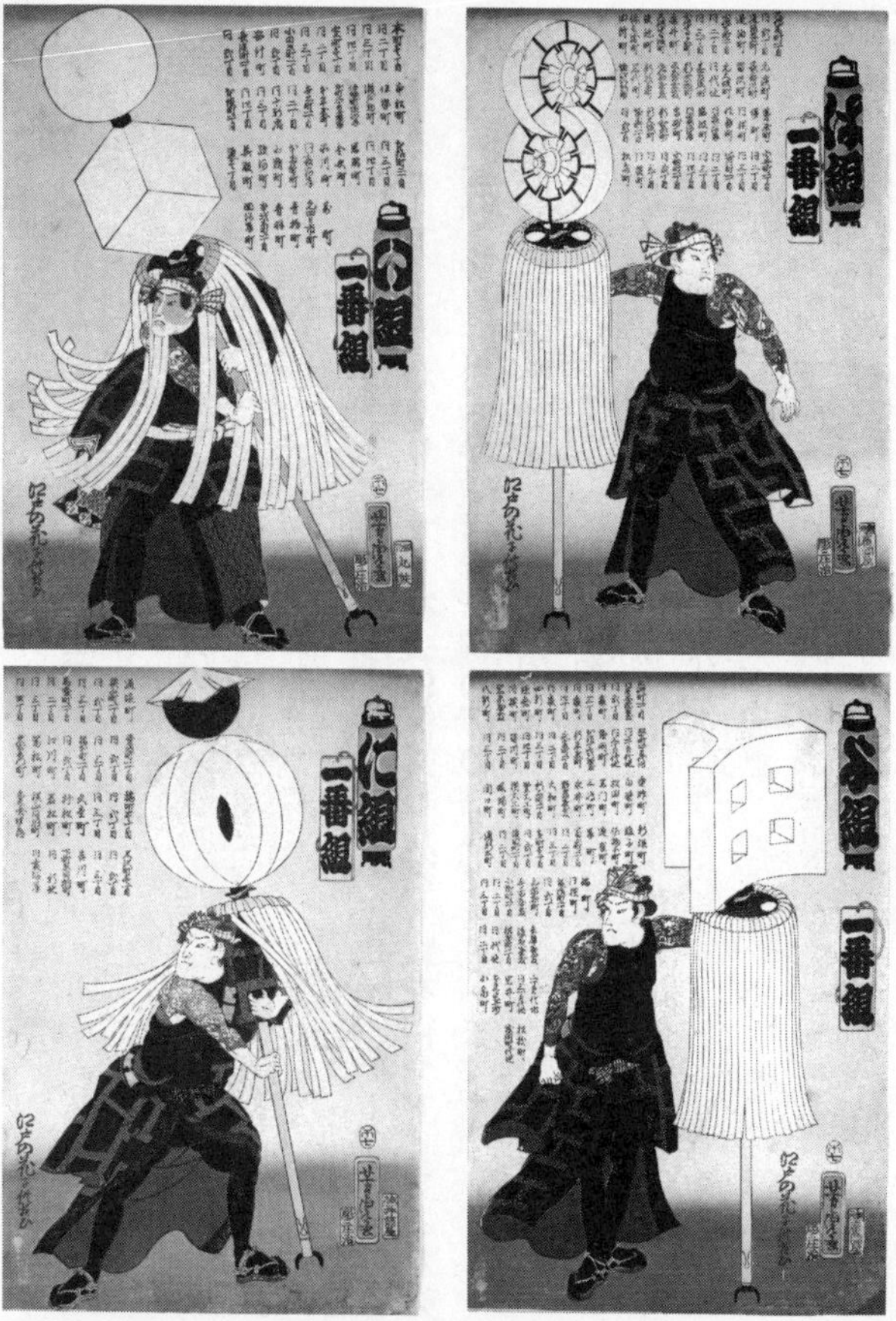

町火消の浮世絵　「いろは四十八組」を描いたもの。町火消はそれぞれにこだわりの纏を持ち、自分が所属している組がわかるようにしていた（「江戸の花子供遊び」、国立国会図書館蔵）。

◆世界初の「更生のための再教育施設」誕生

寛政の改革では、「鬼平」として知られる火付盗賊改《ひつけとうぞくあらため》の長谷川平蔵《へいぞう》の進言により、石川島《いしかわじま》に「人足寄場《にんそくよせば》」というものを設立しています。これは、主に刑期を終えた浮浪人や無宿人などのための再教育施設です。

今日では、それらの人々に何かの資格や免許を取らせたり、技術を身につけさせたりするプログラムがあります。**社会に復帰した後、職を得やすくするためです。**

その江戸版であり、なおかつ世界で初めての試みだと思います。

ヨーロッパでもそうですが、それまで犯罪を行った者への処遇といえば、懲《こ》らしめたり苦しめたりする、すなわち刑罰を与えることが基本でした。だから「懲役刑」という言い方をするわけです。例えば、佐渡ヶ島（佐渡島）に送って重労働を科す、ということもありました。もっと重い罪なら斬首だし、もう少し軽い場合には「百叩き」で放免という場合もありました。

しかしそういった刑罰だけでは、釈放後の再犯者が絶えません。今日でも言えることですが、社会に復帰しても、結局泥棒やゆすりのような犯罪行為を繰り返てしか、生活の手段を持てないからです。あるいは生まれた環境に恵まれず、若いうちに生きる術《すべ》を学べなかったりすると、犯罪に走りやすくなります。

そこで鬼平は、そういう彼らを教育すればいいと考えた。例えば左官職人や染め物職人のような技能を身につけさせれば、生活の手段を確立できるから、もう悪事には走らないだろうというわけです。これは、当時としては画期的な考え方でした。

ドラマに出てくる長谷川平蔵は長生きのようですが、実際には五十一歳で亡くなっています。若いころは周囲に悪い仲間がいて、かなり遊んでいたようです。だからこそ、犯罪に走る気持ちがわかったのでしょう。

そこで、この構想を松平定信に建言したところ、定信もそれを許可しました。ただし、さすがに予算はずいぶんケチったそうです。それでも、こういう施設を世界に先駆けて設立したことは、きちんと評価しなければいけないと思います。

Point

薩長が幕府を滅ぼしたというより、幕府は朱子学の毒で滅んだのだ！

商業を見下す朱子学は文化・娯楽も認めない

◆小説はなぜ「小説」というのか

家康が導入した朱子学は、経済や商人のみならず、町人文化も軽視していました。

その名残りを今日に留《とど》めているのが、「小説」という言葉です。もともとは朱子学が生んだ差別語でした。人間にとってもっとも正しい態度の一つは、正直であること。ところが小説をはじめとするフィクションというのは、嘘の話です。そんなものを書いてはいけないし、大の大人が読んで喜んではいけない。だから「小」さい「説」なのです。

『論語』には、しばしば「君子《くんし》」との対比で「小人《しょうじん》」という言葉が出てきます。立派な人に対して、取るに足らない人、品性が欠けている人、といった意味になります。つまり「小説」も、嘘だらけの取るに足らない話、というわけです。

そういう考え方が、書き手にも少なからず影響を及ぼしていました。例えば、江戸時代中期に書かれた『雨月《うげつ》物語』という怪談の短編集があります。もともとそこには序文が付いていたのですが、昨今刊行される場合にはよく削除されています。なぜなら、内容が差別的だからです。

著者の上田秋成《あきなり》は、以下のようなことを書いています。

「『水滸伝《すいこでん》』の著者には、子孫三代にわたって口のきけない子が生まれた。紫式部は地獄に落ちた。小説を書くことが人を騙すことであり、悪いことだからだ。しかし、この短編集はそれほど立派なものではないから大丈夫だろう」（意訳）

著者にここまで書かせるほど、朱子学の教えが浸透していたということだと思います。

小説だけではありません。そもそも娯楽という考え方がないのです。だから絵画も彫刻も認めない。その姿勢は、きわめて頑《かたく》なです。

例えば仏像にしても、芸術的価値の高いものもありますが、朱子学は認めていません。本当に仏がいるなら会わせろ、来世があるなら証明してみろ、というのが基本的な姿勢です。朱子学にとって、僧はありもしない地獄・極楽をでっち上げて人を騙したり、脅《おど》したりする山師《やまし》でしかない。その山師が崇《あが》めるのが仏像だから、ろくなものではないという発想になるわけです。

あるいは演劇も認めません。例えば歌舞伎の場合、市川団十郎《だんじゅうろう》が昔の武将に扮《ふん》したりするわけですが、それは身分を偽《いつわ》っていると解釈する。歌舞伎役者という身分の低い人間が、こともあろうに身分の高い武将のコスプレをして人を騙している、という考え方になるわけです。

多少なりとも朱子学が認める芸術的なものと言えば、歴史書か書道ぐらいでしょう。当然ながら、昔の文字はほとんど手書きです。だから、字のきれいな人は朱子学の世界でも褒められたのです。

こういう芸術蔑視の考え方は、もともと日本にあったものではありません。ところが、家康が朱子学を普及させたことで、武士たちはそういう考え方をするようになったのです。とはいえ、武士はけっこう芝居見物に出入りしていました。大奥の女中には、それぞれ贔屓《ひいき》の歌舞伎役者もいたようです。しかし、それはあまり人に誇れる話ではなく、あくまでも悪い趣味としてこっそり楽しむものでした。

◈徳川吉宗が「心中」を嫌った理由

もともと江戸初期に生まれた歌舞伎は「かぶき踊《おどり》」と称し、出雲阿国《いずものおくに》で知られるように男女共演でした。ところが、幕府は早々に女優禁止令を出します。男女が舞台の上でいちゃつくのはけしからん、というわけです。以後、そこから江戸歌舞伎は火の消えたような状態になり、再生への模索の時代が続きます。

そのころ、上方《かみがた》では文楽《ぶんらく》が人気を博していました。人形劇なら、男女共演が可能だったからです。だから今、我々が歌舞伎の名作として知っているものの多くは、最初は文楽の脚本として書かれたものです。有名なところでは、近松門左衛門《ちかまつもんざえもん》の『心中天網島《しんじゅうてんのあみじま》』も、後の『仮名手本忠臣蔵《かなでほんちゅうしんぐら》』もそうです。

その間、本来なら江戸歌舞伎は廃《すた》れてもおかしくなかったはずです。いきなり女優を禁止された以上、もう対応のしようがありません。実際、たしかにダメになった時期もありました。

ところが、数十年をかけて大変な変革を遂げます。それが女形《おんながた》の発明です。**女の役を男が演じるという工夫は、世界演劇史上で他に例がないと思います。これはあ**

る意味で、芸術の奇跡だと思います。

それ以降、上方の文楽の脚本を持ってきて演じるようになります。先に紹介した『心中天網島』や『仮名手本忠臣蔵』などもその一つで、専門用語では「丸本《まるほん》歌舞伎」と言います。それを演じる際には、文楽へのリスペクトも欠かさないようです。

例えば『仮名手本忠臣蔵』は、十一段ほどもある長い芝居です。そのもっとも古い演出では、「大序《だいじょ》・鶴岡八幡宮兜《かぶと》改めの段」という場面から始まるのですが、幕が開いた瞬間は目を瞑《つぶ》ったまま動かず、拍子木が入ると目が開いて動き出すという小演出があります。あえて、かつて人形劇だったころの名残りを留めていると言われています。

しかし、これで歌舞伎が安泰になったわけではありません。キーワードは「心中」です。『心中天網島』や『曽根崎《そねざき》心中』で使われていますが、この言葉を最初に公《おおやけ》に使ったのは近松門左衛門です。では何を意味するかというと、「忠」の字を逆転させたのではないかと言われています。

前にも述べたとおり、「忠」とは朱子学の中心概念であり、子供が親に、家来が主君に尽くすということです。タテの関係ですね。しかし人間にはヨコの関係もある。特に男女の関係がそれでしょう。そのために死ぬことは、**明らかに「忠（主人に尽くす）」ではありませんが、ヨコの世界での「互いに尽くし合う」ことではある。そこで、「忠」の字をひっくり返して、そのことを「心中」としたのではないかという説があり、私はこれを正しいと思っています。**

そのせいか、享保の改革を主導した徳川吉宗がもっとも嫌った言葉が、「心中」でした。芸術を認めず、とにかく華美なものを嫌い、男女が心中するような芝居はけっして許さなかったのです。

そこで吉宗は、「心中」という言葉を公式用語から追放します。代わりに「相対《あいたい》死《じに》」という言葉を使えと強要したのです。これにより、タイトルに「心中」と入った芝居は江戸で上演できなくなりました。ほとんどの役者が、関西方面に追放されたのです。

◈徳川宗春《むねはる》の一瞬の栄光と挫折

それを引き取ったのが、吉宗のライバルと言われている、尾張《おわり》徳川家の藩主・徳川宗春です。

宗春の考えは、吉宗と正反対でした。芝居にしても、朱子学に囚《とら》われることなく、庶民の娯楽として好きなようにやればいいという姿勢です。そのため、江戸で上演できない芝居でも、尾張ではできました。すると当然、尾張には役者が集まり、客も集まります。

もともと尾張名古屋の町は何もなく（東海道からもはずれている）、夜になると真っ暗になっていました。しかし宗春が芝居小屋をつくらせ、遊郭をつくらせ、江戸ではできないことをさんざん奨励したため、一時はおおいに繁栄したと言われています。

ただし問題は財源です。商売が盛んになったのなら、そこから税金を取ればいいと思うのですが、さすがの宗春もそこまではできなかった。宗春の頭の中も、やはりコメ中心の農業経済の域を出ていなかったのです。

結局、尾張藩は財政破綻《はたん》を招き、宗春は吉宗に責められて無理やり隠居させられます。しかしこの後、宗春の精神を受け継ぐかのように、享保の改革とはまったく逆の政策を打ち出したのが、先ほど述べた田沼意次だったのです。

吉宗の宗春に対する怒りは収まらなかったようで、宗春の死後も、その墓に金網を被《かぶ》せろ（牢に入れたままにする）と命じたりしています。

それだけではありません。徳川御三家《ごさんけ》の他に、自身の身内から田安《たやす》家、一橋《ひとつばし》家、清水家（吉宗の息子家重《いえしげ》の次男重好《しげよし》による）という「御三卿《ごさんきょう》」を創設したのです。

彼らは石高一〇万石で、江戸城内に屋敷はありますが、領地は持っていません。家来はいますが、ふつうの一〇万石クラスの大名に比べれば、圧倒的に少ない。つまり人件費が少ないため、たいへん豊かでした。

なぜ、このようなものを創設したのか。御三家体制が残る以上、今後はもしかしたら尾張藩から将軍が出る可能性があります。その場合、**紀州藩が復讐されるかもしれない。吉宗はそれを恐れて、新たに将軍を輩出できる家をつくりたかった**のだと思います。

結局、幕府最後の将軍である徳川慶喜《よしのぶ》は、よく知られるとおり一橋家の出身です。吉宗の築いた流れが、そこで結実したわけです。

ちなみに歌舞伎は、寛政の改革を経た後、江戸で復活し始めます。しかし、それを許さなかったのが、後の天保の改革を主導した水野忠邦です。朱子学信者としては当然の行動で、水野は江戸市中の芝居小屋をすべて潰せと命じようとするのですが、それを引き止めたのが北町奉行《ぶぎょう》の遠山金四郎景元《かげもと》、つまり「遠山の金さん」です。潰すのではなく、江戸の真ん中にあった芝居小屋を浅草方面に移転するということで話をつけたのです。

さすがに「金さん」は、大衆娯楽の大事さをわかっていたのでしょう。しかしゴリゴリの朱子学者であればあるほど、その価値がわからない。「芝居は下劣な人間が嘘をついて人を惑わすもの」というのが、終始一貫した朱子学的認識だったのです。

Point

吉宗と宗春のライバル対決により、尾張は一時、文化がおおいに繁栄した！

第五章

なぜ薩長は幕末の雄藩になれたのか

運命の分かれ道は「関ヶ原」にあり

幕末の藩士を支えた「家柄の誇り」――薩摩《さつま》藩

◆幕末に名乗りを上げたのはどんな藩だったのか

江戸時代の大名家はピンからキリまであります。一番石高《こくだか》が多いのが加賀《かが》藩の前田家で、一二〇万石くらいでした。あるいは薩摩藩の島津家は七七万石、仙台藩の伊達《だて》家は六二万石、熊本藩の細川《ほそかわ》家は五四万石、長州《ちょうしゅう》藩の毛利《もうり》家は三七万石というところです。概《がい》して一〇万石以上あれば、大したものです。

前にも述べましたが、これは徳川家康《とくがわいえやす》の老獪《ろうかい》な知恵でした。外様《とざま》大名には大きな領地を与えるが、絶対に老中《ろうじゅう》や若年寄《わかどしより》のような幕府の役職は与えない。逆に老中・若年寄になれるのは譜代《ふだい》大名ですが、彼らの石高はせいぜい一〇万石ほど。中には三万石ぐらいの大名もいます。つまり**財力を持っている外様大名には権力を持たせず、権力を持たせる譜代大名には財力を持たせなかったわけです。これが家康の分割統治のやり方でした。**

前にあった室町《むろまち》幕府は、大大名をつくりすぎたために将軍のコントロールが利かなくなり、戦国時代を生んでしまいました。家康はその時代を経験していたので、先手を打ったわけです。

江戸時代、大名の多くは貧乏でした。家臣の給料を払うことに四苦八苦していたのです。明治維新後、版籍奉還《はんせきほうかん》と廃藩置県《はいはんちけん》が実施されると、それまで大名が預かっていた土地と人民を国家に返す代わりに、大名は国家からしかるべき爵位とともに、一時金や年金をもらう資格まで提供されました。つまりは**リストラなので、家臣の給料で悩む必要もなくなります。それを喜んだ大名が少なくなかった**のです。

しかしその中でも、幕末に名乗りを上げてきた雄藩がいくつかあります。それらの藩に共通しているのは、**財政改革に成功したこと、そして朱子学《しゅしがく》に完全に毒されなかったこと**です。つまり財政的に豊かであったり、密貿易を行って武器などを外国商人から買えたということです。

その典型が、薩摩、長州、土佐《とさ》、肥前《ひぜん》（佐賀）のいわゆる薩長土肥。この四藩は自力で西洋から軍艦を買ったり、鉄砲を仕入れたりできました。一方、意外にも加賀一二〇万石や伊達六二万石などは幕末に目立ちません。実はもう藩士を養うだけで精いっぱいだったわけです。

そこで以下、主に雄藩について概観《がいかん》してみます。

◆薩摩藩を救ったサツマイモ

薩摩藩は七七万石でした。また長州藩は、関ヶ原の戦いの前は一二〇万石ありましたが、毛利輝元《てるもと》が石田三成《みつなり》の口車に乗って関ヶ原の戦いで西軍の大将に担ぎ上げられたため、まったく戦わなかったにもかかわらず罪に問われ、三分の一の三七万石に減らされました。両藩の合計は一一四万石です。

一方、徳川家はどれほど持っていたかというと、一説によれば八〇〇万石ですが、将軍の直轄《ちょっかつ》地だけで考えれば四〇〇万石程度だと思います。

ではなぜ、**幕末に一一四万石が四〇〇万石に勝てたのか。そこでポイントになるのが「実高《じつだか》」です。**当然ながら、土地は開墾できます。江戸時代も各地で開墾に開墾を重ねた結果、戦国時代末期・江戸時代初期は全国合計で一八〇〇万石だったものが、幕末には三〇〇〇万石を超えていたという説があります。名目上の石高がどうであれ、実際にはもっと多く収穫していたわけです。それを実高と言います。

ところが、薩摩はなかなか開墾できませんでした。南国だから豊かだと思われがちですが、火山灰台地なので、もともと稲作には向かないのです。だから鎌倉時代のころまで、薩摩は非常に貧《まず》しい国でした。よく餓死者も出していたほどです。

世界史でも明らかな傾向ですが、食糧があまり取れない地域は、海外貿易で稼ぐしかありません。例えば九州の北西、朝鮮半島との間に壱岐《いき》と対馬《つしま》があります。このうち壱岐は昔からコメが取れたため、貿易拠点として好立地にもかかわらず消極的でした。一方、対馬は地質の問題もあってまったくコメが取れないのですが、だから昔から日本と中国、あるいは朝鮮半島の交易のコーディネーターとして生きてきました。

薩摩藩も対馬と似ていましたが、あることをきっかけに、その状況は一変します。コロンブスが南アメリカで発見したサツマイモ（英語名・スイートポテト）が、琉《りゅう》球《きゅう》を通じてもたらされたのです。持ち込んだ功労者は船乗りの前田利右衛門《まえだりえもん》。今でも「甘藷翁《からいもおんじょ》」として神様のように尊敬され、焼酎のブランド名にもなっています。サツマイモはすばらしい作物で、他の作物がいっさいできないような場所でも、放っておくだけでどんどん成長します。種芋を埋めておけば、秋の収穫期には大量に連なっている。しかも栄養満点。これで、薩摩では餓死者がいなくなったのです。それどころか、食糧がむしろ余るようになった。だからイモ焼酎まで大量に生産されるようになったのです。

酒は文明の産物であり、余裕の産物でもあります。誰もが食うに困っていたら、穀物はまず食糧として使うはずです。それが十分に行き渡ったからこそ、余った分を酒に回すことができるわけです。

ちなみに、コロンブスが世界に広めた南米特産のものは三つあります。タバコ、サツマイモ（スイートポテト）、そして梅毒です。ジャガイモもそうだという話もあります。このうち、もっとも早く日本に入ってきたのは梅毒でした。もう戦国時代にはあったようです。だから徳川家康は、生涯にわたって遊女を近づけなかったとも言われています。

次に入ってきたのがタバコで、実はサツマイモは最後だったのです。

◆薩摩藩を見習った徳川吉宗《よしむね》

餓死者のいない薩摩藩に驚いたのが、八代将軍の徳川吉宗です。

江戸時代、日本列島は何度も飢饉《ききん》に見舞われます。享保《きょうほう》十七年（一七三二）に起きた享保の大飢饉もその一つで、翌年にかけて全国で何万人（諸説あり）もの餓死者を出しました。ところが、薩摩藩は一人の餓死者も出さなかった。

吉宗がその秘密を探らせたところ、イモであることを知ります。そこで幕臣で儒学者・蘭学《らんがく》者の青木昆陽《こんよう》にイモを大々的に栽培させ、種芋を全国に配布しました。これにより、全国の餓死者は激減するのです。

当時、そのイモは「甘藷《かんしょ》」と呼ばれていましたが、いつしか薩摩から来たイモということで「サツマイモ」と呼ばれるようになりました。しかし、今でも鹿児島県では「サツマイモ」とは言いません。「カライモ」と呼んでいます。**琉球から渡ってきたイモであり、その琉球に伝えたのが中国だからです。**

ただし残念ながら、サツマイモには一つだけ欠点があります。火山灰台地でも育つのですが、ジャガイモと違って低温には弱いということです。そのため、津軽《つがる》藩など東北・北海道の飢饉対策にはなりませんでした。

ちなみに、低温に関する問題を解決したのは、大正・昭和時代の農林省技官・並《なみ》河成資《かわしげすけ》さんです。彼が水稲「農林一号」という画期的なイネ（コメ）の品種を開発したのです。

寒冷地でつくられているコメは、稔《みの》るのが早い早稲《わせ》です。その反対が晩稲《おくて》で、こちらは遅い。早稲とは、嫌な言い方をすれば成長不良なので、あまり美味しくない。一方で晩稲は十分に育ったので、美味しい。昔はいいコメと言えば、晩稲と相場が決まっていました。

それに、晩稲は暖かいところでしかできなかったので、昔は熊本や高知などがコメの名産地とされていました。

だいたい寒い地方が早稲だったのは、冷害が来るとダメになるので、できるだけ短期間に収穫するためです。しかし、早稲は美味しくない。だから明治時代まで、東北米や北陸米は、コメ相場のランクで言えば、かなり下のほうだったのです。

そのため、特に東北地方は貧しかった。**昭和十一年（一九三六）に起きた二・二六事件の遠因も、そこにあります。**下級兵士には東北出身者が多かった。農家の次男・三男は、食えないわけです。だから食うために軍隊に入るわけです。しかし彼らの姉や妹が、貧しさのために売られていく。その状況を変えたいという一心で、青年将校が反乱を起こしたわけです。

もっと遡《さかのぼ》れば、これはヤマト王権が悪い。熱帯性の食物であるコメを東北で栽培させることは、そもそも無理があります。しかし、ヤマト王権はそれを押しつけた。短い夏を利用して、なんとか早稲で食いつなぐというのが、日本の農業の型だったわけです。

それを、並河さんが解消した。品種改良によって寒さに強く美味しい早稲を生み出したのです。以来、日本人が飢饉で大量に死亡することはなくなりました。

◈薩摩と島津家の縁は鎌倉時代から

話を薩摩藩に戻します。

島津家は、徳川将軍家よりも古い歴史を持つ名門であるということを、深く誇りに思っていました。

島津家の始祖は惟宗忠久《これむねのただひさ》という、南九州の有力な武家でした。忠久は鎌倉幕府の初代将軍 源 頼朝《みなもとのよりとも》により、五摂家《ごせっけ》の一つである近衛《このえ》家が持っていた宮崎県南半から鹿児島一帯の荘園「島津荘《しまづのしょう》」の下司《げし》職《しき》に任命されます。

荘園とは、公家《くげ》の私有地のことです。本来、日本の土地はすべて天皇家のものであるはずだったのを、公家だけは私有地を持って大農園を経営していた。その一つが、今の鹿児島にあったわけです。

しかし、そういう場所には、中央にいる高級貴族（上司《じょうし》）は絶対に来ません。そこで現地に代理人を派遣するわけですが、それが下司職です。その人材として、武士が珍重されました。その理由は明らかでしょう。地方には警察がいないので、悪い奴がはびこる恐れがある。荘園の生産物を奪われる可能性もあるわけです。それを防ぐには、やはり腕に覚えのある人材のほうが都合がいいのです。

ちなみに今、「ゲス野郎」とか「ゲスの勘繰り」といった言葉がありますが、その語源が下司職です。「下級役人」という意味が転じたのでしょう。

この役割からもわかるように、下司職とは朝廷の公職というより、公家の私的な雇われ人でした。ところが、どうせその地に赴任しているならということで、惟宗忠久は鎌倉幕府から薩摩・大隅《おおすみ》・日向《ひゅうが》三カ国の守護職《しゅご》にも任命されます。

守護は、その土地の治安を守るのが役目です。それぞれの国には地頭《じとう》がいて、地頭は武士でした。その地頭を管理し、例えば騒乱や、あるいは犯罪人が逃げ込むといった事態に対処するのが守護です。今で言えば、県警本部長のような存在でしょう。

もともとは守護ではなく、「総追捕使《そうついぶし》」と呼ばれていました。**頼朝が、逃亡した弟の源義経《よしつね》を捕まえるため、各国で任命したのが始まりです。**その国の地頭の中で、もっとも有力な武士、有力御家人《ごけにん》を選ぶのが慣例でした。彼らが、やがてその国の治安を守るということで、守護と呼ばれるようになったのです。

この時点では、まだ守護自身が土地を所有することはありませんでした。地頭として持っている場合はありましたが、守護の役目とは無関係です。

実は惟宗忠久も、地頭として所領を持っていたのは伊勢《いせ》や信濃《しなの》です。薩摩・大隅・日向には守護として初めて赴任するわけで、所領などまったく持っていなかったのです。

しかし、やがて室町時代になると、各地の守護は中央の目が届きにくいのをいいことに、現地で土地を横領して大名になっていった。彼らが守護大名と呼ばれるようになるのです。惟宗氏も現地に土着し、もともと荘園の名前だった「島津氏」を名乗るようになりました。

◆島津家の始祖は源頼朝のご落胤《らくいん》？

ひとたび土着すると、もう中央には戻りません。うっかり留守にして、京都から代理人を派遣して管理を任せたりすれば、また同じように奪われる恐れがあるからです。しかも地方の自分の土地であれば、大きな城や屋敷を構えても、誰からも文句を言われません。京都では叶わないことが、地方では可能なのです。これは、平安時代に関東地方に土着していった源氏や平氏の子孫も同様です。**もともと皇族の子孫だというプライドもあるし、地方へ行けばお山の大将になれる。それを求めて土着していった**のです。

ではなぜ、惟宗忠久は三国の守護に任命されるほど源頼朝に優遇されたのか。これについては、江戸時代の薩摩藩士の間でまことしやかに伝えられていたことがあります。源頼朝のご落胤だったということです。

島津家の系図によれば、忠久は頼朝の子だったとある。しかし頼朝には北条政子《ほうじょうまさこ》という怖い奥さんがいた。そこで嫉妬を恐れて、わざわざ遠国の地を与えたと書いてあるのです。

その可能性は、ゼロではありません。実際、忠久は頼朝の近くに仕《つか》えていたし、頼朝の命令で九州に派遣されたことも事実です。いきなり三国を与えるという異例の厚遇からも、何か特別な事情があったと考えるのが自然でしょう。

少なくとも島津家の中では、これが確固たる史実になっているようです。それを表しているのが、今も鎌倉にある源頼朝の墓です。そこには、島津家の丸に十字の紋《もん》がしっかり刻まれているのです。

ただしこれは、頼朝の正規の墓ではありません。北条氏が滅んで鎌倉幕府が潰《つぶ》れたとき、鎌倉の町は新田義貞《にったよしさだ》らによって焼き払われています。実はそのとき、頼朝の墓も所在不明になってしまったのです。

それを江戸時代、島津氏が「そんなことではいけない」として改めて頼朝の墓を建てたのですが、その際にちゃっかり紋所《もんどころ》も入れた。それが今日《こんにち》も残っているわけです。

だから西郷隆盛《さいごうたかもり》にせよ大久保利通《としみち》にせよ、心の底では「わが殿は頼朝公の直系であり、成り上がりの徳川より偉いんだ」と思っていたはずです。もちろん口に出すと処罰の対象になるので黙っていますが、それが彼らの誇りだったことは間違いないでしょう。

Point

島津家は鎌倉より続く古い家柄、薩摩藩士はそれが誇りとなった！

「そうせい侯」はバカ殿ではなく名君だった——長州藩

◆「山口政事《せいじ》堂」は反幕府の象徴

幕末のもう一つの雄藩・長州藩の毛利家は、周知のとおり関ヶ原の戦いで辛酸を嘗《な》めています。石田三成によって西軍の総大将に祭り上げられたばかりに、石高を三分の一の三七万石まで減らされたのです。

徳川家康としては、取り潰すつもりだったのかもしれません。しかし関ヶ原の戦いで、西軍側の小早川秀秋《こばやかわひであき》を裏切らせるという大きな功績を挙げたのが、毛利家の一族である吉川広家《きつかわひろいえ》という説があります。その彼が、家康を「毛利家の取り潰しだけはご勘弁を」と必死に説得したのです。

当時、毛利家は自ら築いた広島城にいました。広島は今でもそうですが、農作物もよく取れるし、海産物にも恵まれた、気候温暖の非常にいいところです。しかし、そこから退去を命じられ、長門国《ながとのくに》と周防国《すおうのくに》、今日で言えば山口県に転封《てんぽう》されます。

しかも、城を築く場所まで家康に指定されました。本来、長門・周防両国の大名になったのなら、城は山口に築くのが自然でした。太平洋にも面しているし、かつては大内氏の城下町でフランシスコ・ザビエルが訪れたこともある場所です。ところが家康はそれを認めず、日本海側に築けと指示。そこで仕方なく、当時は非常にさびれた田舎だった萩《はぎ》に築城したのです。だから最初は長州藩ではなく、「萩藩」と呼ばれていました。

ところが幕末、彼らが力をつけてくると、山口にも築城します。ただし「武家諸法度《ぶけしょはっと》」によって一国一城」というルールがあるため、二つの城は持てません。そこで「山口城」とは呼ばず、「山口政事堂」と名付けました。これは城ではなく役所である、というわけです。

しかし第一次長州征伐で長州が降伏すると、幕府は責任者の家老の切腹とともに、「山口城」の破壊も要求しました。長州側はそれを呑んで一部は破壊するのですが、結局はここが政治の中心として機能することになります。

毛利家が山口にこだわるのは、交通の便がいいということも理由の一つですが、本来築くべきところに築けなかったという、幕府への不満と反抗の象徴でもあったのです。

◆長州は周囲を〝敵〟に囲まれていた

長州藩は、薩摩藩と並んで豊かでした。ただし、そうなるまでの道は薩摩よりも険しいものでした。

薩摩は九州南端の国なので、監視の目が届きにくいというメリットがあります。だからそこから先、奄美《あまみ》群島や琉球を通じて、いくらでも中国と密貿易が可能でした。やりたい放題と言ってもいいでしょう。

それに幕府が大名を偵察するために放つ隠密《おんみつ》も、薩摩国への潜入は非常に難しかったと言われています。なぜなら、薩摩言葉の壁があるから。今でも、早口の薩摩言葉を話されると、地域以外の人はほとんど理解できません。一説によれば、当時はわざと言葉を難解にする一方で子供に標準語を教えず、よそ者が入ってきてもすぐにわかるようにした、とも言われています。この説の信憑性はかなり高いと思います。

実際、西郷隆盛が明治十年（一八七七）に**西南戦争を起こしたときも、薩摩出身ではない中央政府の密偵はすべて捕まっています。言葉でバレてしまうのです。**

一方の長州は、まず場所のメリットがありません。関門海峡を隔てた小倉《こくら》は、譜代大名の領地で、幕府の忠実な家来が治めていました。あるいは広島には、徳川家と親しい浅野家、岡山には家康の血をひく池田家が入っています。長州は、これらの大名に取り囲まれて監視されていた。妙な動きをすればすぐにバレる環境だったわけです。

ただし、関門海峡は流通の要衝です。日本海側の物産を太平洋側へ、また太平洋側の物産を日本海側へ運ぶための中継点になっているのです。長州はその利点を活かして稼いでいた。つまり**薩摩は外国との密貿易で儲《もう》けたのに対し、長州は国内の正規の交易で儲けた**わけです。

その交易を主導したのが、村田清風《せいふう》です。毛利家最後の藩主となる毛利敬親《たかちか》が抜擢した人物で、「産物専売制」を推進しました。要するに、国内の物産で特に売れそうなものを、藩が独占的に扱うという制度です。

今日の感覚で言えば、これは当たり前の政策でしょう。藩としてより儲かるなら、それに越したことはありません。しかし**朱子学の浸透した当時としては、恥ずべき政策でした。**何度も言いますが、朱子学によれば、「商売は下劣な人間のやること」だからです。無理やり今の感覚に当てはめるなら、自治体が麻薬の取引を一手に引き受けるようなものです。だから多くの藩では、こんなマネはできませんでした。

しかし**毛利敬親は、朱子学よりも実利を優先した。この一点だけを取っても、名君と評価していい**と思います。

敬親と言えば、「そうせい侯」というあだ名でも有名です。家臣の言いなりになって、例えば幕府恭順《きょうじゅん》派がこうすべきだと言えば「そうせい」と答え、倒幕派がこうしたいと言えば「そうせい」と応じるという意味です。

そんな長州藩の様子を、土佐藩主の山内容堂《ようどう》が「逆さ瓢簞《びょうたん》」と評し、まさに逆さまの瓢簞の絵を描いてからかったことがあります。家臣たちがいろいろなことを勝手に決めて、藩主は引きずられているだけ、というわけです。

しかし、敬親にはそうせざるを得ない事情がありました。当時の長州藩は下克《げこく》上《じょう》が当たり前で、藩主としてうっかりしたことを言うと、本当に家臣に殺されかねなかったのです。

明治に入ってから、敬親自身が当時について「ああでもしなければ殺されていただろう」と述懐しています。たしかに「そうせい侯」とは、現代で言えば「イエスマン」ということで、明らかな悪口です。何も決められないバカ殿、というイメージでしょう。その批判を甘んじて受けつつ、分裂しそうな藩のバランスを必死で保とうとしていたと考えれば、やはり名君と呼んでもいいと思います。

◆商売を味方につけた藩は強い

村田清風による「産物専売制」の推進は、いろいろ反対派の邪魔もあったため、あまりうまくはいきませんでした。しかし、次につながる道を開いたことは間違いありません。

それは、農業だけでは藩の財政は立ちゆかないと気づかせたことです。これは薩摩藩にも共通しますが、何らかの形で商売をやるしかないと決意させたわけです。すると当然、商売はけっしてバカにすべきものではないという意識も芽生えます。**この〝気づき〟が大事なのです。**

例えば薩摩藩には、五代友厚《ごだいともあつ》がいました。後に大阪商法会議所の初代会頭になった人物ですが、商才が抜群でした。そこを西郷隆盛に見込まれ、抜擢されるわけです。あるいは土佐藩のもっとも身分の低い武士の中にいたのが、岩崎彌太郎《やたろう》です。後の三菱の創始者として有名でしょう。

そして長州藩には、白石正一郎《しらいししょういちろう》がいます。関門海峡を利用した国内交易で財をなした人物ですが、もともと勤王の志を持ち、高杉晋作《しんさく》とも親しかった。だから高杉が奇兵隊を創設する際、その資金を提供したのが白石でした。

どんな組織や団体を立ち上げるにもスポンサーが必要というのは、今では常識でしょう。しかし当時の感覚では、新たに武士の集団をつくるのに、商人ごときにカネを借りるとは何ごとだ、となるわけです。そういう意見を押し切れるかどうかが、勝者になれるかどうかの境目でもありました。

商売をバカにしなくなった藩からは、いろいろな人材が出てきます。そしてお金も集まるので、次の一手も打てるようになります。長州藩でも、全員が商売を認めていたわけではありません。中には保守的で、けっして認めないという人もいました。しかし一方で、**商売OKという人もいた。結局、そういう人が藩の財政を支え、倒幕の原動力になった**のです。

高杉晋作（国立国会図書館蔵）

岩崎彌太郎（国立国会図書館蔵）

豪商と呼ばれる人は全国に複数いましたが、彼らは一様に学問があります。普通の商売人なら、日々忙しくて学問どころではないでしょうが、豪商は別です。つまり知力と財力があるので、先を見越してさまざまなスポンサーになることがよくありました。

例えば、講道館柔道を築いた嘉納治五《かのうじご》郎《ろう》は、灘《なだ》の造り酒屋で大成功した嘉納家の坊っちゃんでした。父親の嘉納次郎作《じろさく》は、勝海舟《かつかいしゅう》が神戸に海軍操練所《そうれんじょ》を立ち上げたとき、カネを出した人物でもあります。やはり先見の明があったと見るべきでしょう。

言い換えるなら、そういう人物を見下したりせず、親しくつき合うことができれば、たいへん強力な味方になってくれたということです。

◆高杉晋作がいなければ、彦島《ひこしま》はイギリス領になっていた

幕末の長州藩のスターと言えば高杉晋作ですが、彼もまた毛利敬親に登用された人物でした。

次章で詳しく述べますが、幕末の長州藩は過激な攘夷《じょうい》派が外国列強に戦争を仕掛け、ボロボロに負けています。これが「下関《しものせき》戦争」ですが、要は大砲の弾丸に日本刀で対抗しようという話なので、無謀としか言いようがありません。

高杉は、そういう連中と一線を画していました。しかし惨敗後、敬親がここぞとばかり戦後処理を任せたのが高杉でした。やはり慧眼《けいがん》と言うべきでしょう。

それを受けて、高杉はイギリスとの交渉に臨みます。一説によると、このときイギリスは下関の突端にある彦島を割譲《かつじょう》しろと要求してきたらしい。戦争でボロボロに負けた後なので、言いなりになる可能性も十分ありました。そうなれば、香港と同じ状態になっていたかもしれません。

ジブラルタル海峡などでもそうですが、イギリスは大きな土地を求めません。そ

の代わり、もっともキーポイントになる一部分だけを切り取ろうとする。それが中国で言えば香港でした。つまり**多くの船が往来する喉元のような場所を押さえて、利権を掠《かす》め取ろうとする**わけです。

もし彦島がイギリスの手に渡り、そこに要塞《ようさい》でも築かれたら、日本の軍艦も商船も自由に通れなくなるところでした。それは長州のみならず、日本にとってもたいへんな損失だったはずです。

しかし高杉は、「攘夷というのは幕府の命令でやったんだ」と主張して責任を幕府に押しつけ、割譲の要求を突っぱねます。

当時、高杉の弟分だったのが、後に初代総理大臣となる伊藤俊輔《しゅんすけ》（博文《ひろぶみ》）です。彼は後年、船で関門海峡を通過する際に彦島を見ながら、「あのとき高杉ががんばってくれなければ、あそこはイギリス領だったかもしれない」としみじみ語ったそうです。

◆新田開発が薩長同盟を可能にした

そしてもう一つ、長州藩について特筆すべきは、新田開発を積極的に行ったことです。

先に述べたとおり、関ヶ原の戦いで負けた毛利家は、一二〇万石から三七万石に減らされます。しかし幕末になると、石高とは違う「実高」という考え方が登場します。前にも説明しましたが、石高が名目上の数字であるのに対し、実際のところどれだけ収穫できるのかを表す数字です。例えば東北諸藩では、石高より実高が少ないのが当たり前でした。石高一〇万石の領地でも、冷害などがひどくて実高五万石とか三万石になることも、東北ではふつうだったのです。

しかし西日本は逆です。もともとコメは熱帯性の植物なので、暖かい地域は適している。まして新田開発を行えば、その分増やすことができました。長州藩の場合も、石高は三七万石ですが、幕末の実高は一〇〇万石に達していたと言われています。

これは、藩を豊かにしただけではありません。倒幕運動にも少なからぬ影響を及ぼします。「禁門の変」の際、薩摩と長州は敵味方に分かれて戦いました。ひとたびそうなると、なかなか同盟は組めなくなります。お互いに「うちの父ちゃんや兄ちゃんを殺したヤツと、どうして手を組まなきゃならないの？　絶対反対」となるわけです。

そこで坂本龍馬《りょうま》が間に入り、両者の仲を取り持つことになります。このとき長州は幕府の敵でした。幕府は諸外国に対し、武器を長州にいっさい売らないように通達を出します。各国ともすでに幕府と条約を結んでいたので、通達には従わざるを得ない。つまり長州は、まったく武器を調達できない状態に追い込まれたわけです。

これに対し、龍馬が両藩に提案したのは、薩摩藩の名義で武器・弾薬・軍艦を買って長州に引き渡し、長州はその対価を薩摩に支払うというものでした。それを両藩の関係修復の第一歩にしようと考えたのです。

この取引は実現しますが、長州は対価をカネではなく、豊富なコメで払いました。新田開発の成果が、ここで出たわけです。これが、後の薩長同盟のきっかけとなりました。朱子学に毒された状態では、絶対に思いつかなかったはずです。

Point

商売を認めた「そうせい侯」の決断が長州の大きな力へとつながった！

なぜ「京都守護職」という貧乏クジを引かされたのか——会津《あいづ》藩

◆文武両道の藩風は保科正之《ほしなまさゆき》がつくった

会津松平《まつだいら》家の始祖である保科正之は、生涯を通じて松平姓ではなく保科姓でした。これは、養父である保科正光《まさみつ》への恩義によるものです。第三章でも述べましたが、正光には実子がいました。それを差し置いて、正之を後継の大名にしてくれたからです。

しかし正之は三代将軍徳川家光《いえみつ》の異母弟なので、幕府としては松平姓を名乗ってもらいたい。そこで正之の子孫は、正光の実子の系統に保科姓を継《つ》がせることにします。そして保科家の槍《やり》や鎧《よろい》といった家宝も、すべて実子の系統に譲りました。その上で、正之の子孫は松平姓を名乗るようになりました。これが会津松平家になるわけです。

そして幕末、会津藩最後の藩主である松平容保《かたもり》は、幕府から「京都守護職」を命じられます。しかしこの人事は、そもそも異例でした。

保科正之の経緯からもわかるように、会津松平家は親藩《しんぱん》大名です。彼らは老中や若年寄のような幕府の要職には就《つ》かないというルールがありました。就くのは井伊《いい》家や本多《ほんだ》家、榊原《さかきばら》家のような譜代大名のみ。かつて「寛政《かんせい》の改革」を主導した松平定信《さだのぶ》は老中でしたが、これは異例の人事でした。

そして容保にも、異例の人事が発令されました。「会津松平家には将軍家のために働けという家訓があるらしい、ならば火中の栗を拾ってもらおう」と、困難な役を押し付けられたわけです。

京都守護職は、それまでにない新しい役職でした。京都で暴れまわる勤王派を取り締まるのが任務です。そもそも京都には所司代《しょしだい》があり、公家や朝廷を監視する役目を負っていました。所司代の下には奉行《ぶぎょう》所もあり、役人もいます。ちなみに江戸の場合は「北町奉行」と「南町奉行」ですが、京都の場合は「東町奉行」と「西町奉行」に分かれていました。

しかし、彼らだけでは抑え切れないので、新たな役職で取り締まりを強化しようと図ったのです。今風に言えば、警察で間に合わないので、軍隊を派遣するようなものでしょう。

もともと会津松平家には、武力においても非常に優れているという評判がありました。実際、藩士は子供のころから藩校の日新館《にっしんかん》で文武両道を教え込まれます。男はもちろん、女性も薙刀《なぎなた》を教えられたりして、いざとなったら全員を軍人として動員できる強力な藩になっていったのです。

考えてみれば、これはいささか奇妙な話でしょう。始祖の保科正之が生まれたのは慶長《けいちょう》十六年（一六一一）で、すでに関ヶ原の戦いは終わっています。大坂夏の陣のときも、まだ五歳です。つまり正之自身は、すでに述べたように実戦経験ゼロなのです。

しかし人間はおもしろいもので、**それが正之にとってコンプレックスだったらしい。だから我が藩は将軍のために戦うと強調し、藩士たちに武芸を奨励した**のです。

◆武芸をめぐる幕府と各藩の事情

その当時、もはや幕府ですら武芸は奨励していません。むしろそんなことをするから争いが起こるのだと、積極的に遠ざけた。幕府の学問所である昌平坂《しょうへいざか》学問所では、弓術も馬術も剣術も教えなかったのです。学びたい者はどこかで勝手に学べ、というスタンスでした。

そのため、将軍を護衛するはずの旗本《はたもと》などはどんどん堕落していきます。鬼平《おにへい》が「侍《さむらい》のくせに刀の扱いも知らねえのか」と嘆くような武士が増えていくわけです。だから幕末に京都の治安が悪化しても、役に立たない。一四代将軍の徳川家茂《いえもち》が上洛《じょうらく》する際には、身辺警護のために旗本ではなく、清河《きよかわ》八郎という人物の建白を受け入れて新たに浪士組《ろうしぐみ》が結成されるわけです。

清河八郎は、幕臣でも何でもなく、身分の低い一郷士《ごうし》です。江戸市中にいる腕っぷしの強い浪士を集めて将軍を守るなどという提案は、江戸時代初期であれば一笑に付されていたでしょう。そもそも建白の機会すら与えられなかったはずです。

ところが、この建白が通ってしまった。いかに当時の旗本が頼りない存在だったかがわかります。ちなみに、この浪士組から生まれるのが、有名な新選組です。

なお幕府は、黒船が来航した後、それまでの方針を転換します。初めて講武所《こうぶしょ》を設け、剣術や砲術を学べるようにしたのです。さすがに危機感を覚えたのでしょう。

長州藩も状況は似ています。**上級武士がなまくらで役に立たないからこそ、農民や町人から抜擢して軍隊を組成する必要があった。それが高杉晋作による奇兵隊です。その意味では、新選組と奇兵隊は陣営がまったく逆ですが、似た者同士だった**ということです。

あるいは、会津藩の隣に位置する米沢《よねざわ》藩の上杉家も同様です。周知のとおり、上杉と言えば戦国時代は最強軍団と評されていました。ところが幕末には、まったく活躍していません。米沢藩の兵が強いという話も、まったく聞きません。また後でも述べますが、これは上杉鷹山《ようざん》による徹底的な財政改革が一因です。

おかげで藩の財政は持ち直すのですが、同時に戦国以来の良く言えば武士らしい、悪く言えば荒々しい気風は、すっかり消えてしまうのです。第三章でも触れたように、戦国時代と幕末とで、米沢と会津の立場はガラリと入れ替わるわけです。

逆に会津と似ていると言えば、土佐藩でしょう。土佐山内家の始祖である山内一《かず》豊《とよ》は、もともと掛川《かけがわ》五万石ほどの小大名でしたが、関ヶ原の戦いを経て一気に土佐二〇万石の大名に格上げされます。

では関ヶ原でどんな手柄を立てたのかというと、実はさして活躍していません。戦う前の「小山《おやま》軍議」で、徳川家康に対して真っ先に「私は城を差し出します」と申し出ただけです。これをきっかけに他の武将も一豊を見習ったことを、家康は高く評価した。それで二〇万石を得たのです。

だから江戸時代を通じて、山内家は「舌先三寸で二〇万石を取った」と陰口を叩かれ続けます。それで土佐藩は奮起し、他藩と違って武闘訓練に力を入れたと言われています。幕末に薩長に続く雄藩となったのは、そんな努力の賜物《たまもの》でしょう。

結局、戦国時代も幕末も一貫して強かったのは、薩摩藩だけです。南端で幕府の監視も行き届かなかったため、戦国の気風を幕末までずっと残すことになったのです。

Point

幕末、戦国最強の軍団は弱くなり、戦闘経験の少ない軍団が強くなった！

尊王思想の水戸学が倒幕の引き金になった——水戸《みと》藩

◆『大日本史』編纂という大事業に着手

保科正之と同様、徳川家康の孫にあたるのが水戸藩の二代目藩主・水戸光圀《みつくに》、つまり水戸黄門です。

家康は晩年にさらに三人の子供をつくります。このうち九男の義直《よしなお》が尾張《おわり》徳川家の始祖、一〇男の頼宣《よりのぶ》が紀伊《きい》徳川家の始祖、そして一一男の頼房《よりふさ》が水戸徳川家の始祖となって徳川御三家《ごさんけ》ができるわけです。その頼房の息子が光圀でした。

ただし光圀は正室の子ではないため、生まれて早々に「育てるに及ばず」とされて追い出され、家臣の家の子として育てられました。ところが兄が早死にしたこともあり、本家に戻って跡《あと》を継ぐことになったのです。

その光圀の業績と言えば、第一に挙げるべきは『大日本史』の編纂です。徳川御三家の中で、水戸徳川家はもっとも格下でした。尾張・紀伊が大納言をもらえるのに対し、水戸は中納言。始祖が末っ子だから仕方のない面もあるのでしょう。

その立場でこういう事業に着手することは、それだけですごいと思います。お金も手間も膨大にかかるからです。実際、『大日本史』が完成したのは明治も後半に入ってからでした。どれほどの労力が費やされたか、想像に難くありません。

光圀は六十三歳で藩主の座を降り、隠居して『大日本史』の編纂に専念します。今日の常陸太田市《ひたちおおたし》に「西山荘《せいざんそう》」という別荘を建て、そこで亡くなるまで約十年間を過ごすことになります。

あるいは藩主時代の政策としては、「殉死《じゅんし》の禁止」を打ち出しています。主君が亡くなったとき、家臣が「ご恩をあの世で返す」と称して後を追うように自殺することを、「追い腹」と言います。主人にとって、これはある意味でステータスでもありました。**追い腹を切る家臣が多いほど、「あの人は名君だった」と世間的に高く評価された**のです。

また、第三章でも触れましたが、家臣の中には、ここで自分が腹を切っておけば、主君の家は自分の子孫を優遇してくれるだろう、と計算する人もいました。家族のために、切りたくもない腹を切っていたことになります。ただしこういう行為は、周囲から「商腹《あきないばら》」と揶揄《やゆ》されたそうです。

しかし、もう戦国時代ではないし、人の命は重いものだし、後を追って命を絶つより、次の当主のために働いてもらったほうが、藩としては都合がいい。だから光圀は殉死を厳禁にしたのです。

ただし、武家の習慣はそう簡単には消えません。もし追い腹を切ったらその家を取り潰すぞ、ぐらいの脅《おど》しはかけたと思います。そこまでしないと、殉死は、なかなかなくならないのです。

ちなみに保科正之も、殉死を禁止しています。ただ光圀を見習ったのか、それとも光圀が真似たのかは、よくわかりません。

◈「神仏分離」の先駆者は光圀

そしてもう一つ、光圀が行ったきわめて重要な政策が、お寺の整理です。

今、我々にとって神と仏が別のものであるというのは常識でしょう。しかし、以前は違いました。たしかに聖徳太子のころは、神道《しんとう》と仏教がいがみ合い、殺し合いにも発展しています。しかし、本来そういうことが大嫌いな日本人は、神様も仏様も本体は一つだと考えるようになります。それを「神仏混淆《しんぶつこんこう》」と言います。

例えば我々が亡くなるとき、「南無阿弥陀仏」と唱えると、阿弥陀如来《にょらい》が現れて我々を救い取り、西方にある極楽浄土《じょうど》に連れて行っていただけるという信仰がありました。一方、和歌山県の山奥に熊野権現《くまのごんげん》という日本独自の神様がいるのですが、いつのころからか、熊野権現とは阿弥陀であると言われるようになりました。

仏教の発祥地はインドなので、仏の姿は日本人にあまりなじみがありません。暑いから一重の着物で十分だし、剃髪《ていはつ》した後に少しだけ髪の毛が伸びてくるのでパンチパーマのような頭になっている。ちなみにこれを「螺髪《らほつ》」と言いますが、そのままでは日本人に受け入れられないと考えて、まずヤマトタケルのような恰好をして教えを説く。それがだんだん浸透してきた段階で、「わしは熊野権現であるが、本当は阿弥陀如来であるぞよ」と言って正体を明かしたというのが、日本の神仏混淆信仰なのです。

なので、昔は大きな神社に行くと、境内の端に仏が祭られていました。また大きなお寺に行くと、端に神が祭られていました。それが当たり前だったのです。

ところが明治新政府は、「神仏分離令」を発します。文字どおり、これからは神と仏を分離するということです。それに呼応して、全国で廃仏毀釈《はいぶつきしゃく》、つまりお寺や仏像などの破壊活動が行われました。

そのときに破壊された文化財の数は、計り知れません。もっとも熱心だったのが鹿児島県で、島津家は藩主の菩提寺《ぼだいじ》まで破壊しました。だから今、何も残っていません。私はお寺巡りが趣味なのですが、鹿児島の寺には、おそらく国宝や重要文化財級の仏像が一点もないと思います。

◆水戸藩が最後の将軍を生んだ皮肉

もっとも、こういう活動は明治以降に突然始まったわけではありません。最初に領内で実行したのが、水戸光圀と保科正之です。ではなぜ行ったのかというと、根底にあるのが朱子学です。

孔子《こうし》の『論語』の中に、「怪力乱神《かいりょくらんしん》を語らず」という言葉があります。超自然現象や神については いっさい語らない、という意味です。なぜならそれは迷信だから。

仏や神が存在すると言うなら、今すぐ証拠を出してみろ、ということです。これは合理的な中国人の考え方で、あらゆる宗教を認めないわけです。

しかし、一つだけ確かなことがある。それは、我々が親から生まれたということです。だから仏や神のような迷信は捨てて、親に恩を返すことを道徳の一番に据《す》えようと考えた。これが「孝」です。また社会生活においては、親に等しいほど世話になっている「親分」に尽くそうと考える。これが「忠」です。つまり「忠」と「孝」が何より大事であり、他はいっさい考えなくていいというのが儒教の基本です。

だから**儒教に染まるほど、その中の朱子学を信じるほど、仏教は許せない存在ということになる。**見たこともない極楽や地獄を語って人を惑わせ、お金を取るインチキ宗教である。そういったものは潰すべき、という考え方が出てくるわけです。

では神道はどうなのか。朱子学から見れば、やはり宗教として排斥《はいせき》の対象となりそうですが、そうはなりません。第六章で詳しく述べますが、むしろ朱子学と結びついて新しい思想体系を生み出した。これが日本人の考え方のおもしろいところです。

天皇家は絶対のものであり、畏《おそ》れ多くも天照大神《あまてらすおおみかみ》様のご子孫であらせられる。

だから尊重すべきだというのが、神道です。そして地上の世界に天皇が存在していることが、他の宗教とは大きく違うというわけです。

だからその神道の神と、デタラメな迷信である仏教の神が一致するなどということは絶対に許せない。熊野権現は熊野権現であって、けっして阿弥陀如来などではないという解釈になる。これが廃仏毀釈の理屈です。

幕末、そんな思想を生み出した水戸藩から、幕府最後の将軍が輩出されました。**徳川慶喜《よしのぶ》（一橋《ひとつばし》慶喜）です。天皇が絶対である。逆らってはいけない。そんな思想を持つ慶喜が幕末の動乱期に将軍になってしまった**のです。

Point

幕末に水戸藩から将軍が出ることは家康には大きな誤算だった！

藩政改革の裏で失われた戦国の牙
――米沢藩

◆徳川家康に負けて石高は八分の一に

ここまで述べてきたように、幕末に活躍した雄藩には、一つのパターンがあります。**朱子学から脱却し、貿易などの商売によって財政を立て直して力を蓄えた、**というものです。

ところが、まったく異質な方法で再建を果たし、しかし幕末にはほとんど活躍していない藩もありました。上杉家の米沢藩です。

かつて、アメリカのジョン・F・ケネディ大統領が「一番好きな日本人は？」と尋ねられたとき、「上杉鷹山」と即答したという話があります。都市伝説（すなわちウソ）という説もありますが、日本人でも知っている人は少ないのに、なぜアメリカ人のケネディが鷹山を知っていたのか。これには身も蓋《ふた》もない理由がありま す。

実は明治時代、日本を海外に紹介するために、英語の達者な日本人がいろいろな本を書きました。五〇〇〇円札の肖像だった新渡戸稲造《にとべいなぞう》による『武士道』もその一つ。あるいは日本のキリスト教徒の草分けである内村鑑三《うちむらかんぞう》の『代表的日本人』も、アメリカでよく読まれました。その中に、江戸時代の代表的な日本人として上杉鷹山が登場しているのです。ケネディはこれを読んでいたというわけです。

ちなみに、歴代のアメリカ大統領が来日したときなど、リップサービスとして日本の古典を引用することがありますが、そのタネ本はほとんど『代表的日本人』です。

それはともかく、上杉鷹山は江戸時代中期の米沢藩主でした。破綻《はたん》状態にあった藩の財政を、商売に頼らず、ほとんど農業（つまり朱子学）だけで立て直した人物です。

鷹山の政策について話す前に、米沢藩の状況について説明しておきます。

上杉家のルーツは、戦国最強の武将の一人と言われた上杉謙信《けんしん》です。しかし織田《おだ》信長《のぶなが》より先に亡くなり、その跡を甥《おい》の景勝《かげかつ》が継ぎます。その家老が、「愛」の字の兜《かぶと》で有名な直江兼続《なおえかねつぐ》です。

景勝は、豊臣秀吉《とよとみひでよし》が亡くなる段階では五大老《たいろう》の一人でした。徳川家康を筆頭に、毛利輝元と前田利家《としいえ》と宇喜多秀家《うきたひでいえ》、それに景勝というメンバーです。しかし、秀吉が亡くなった翌年に前田利家が亡くなると、家康は待ってましたとばかりに伏見《ふしみ》城を乗っ取り、独断専行の政治を行うようになります。石田三成を挑発し、反対派に乱を起こさせるためです。

石田三成は挑発に乗り、家康に対する懲罰軍を編成する。その総大将が毛利輝元でした。

その前には上杉景勝も反乱を企《くわだ》てているというあらぬ疑いをかけられ、家康に反旗を翻《ひるがえ》します。

家康は味方の大名を引き連れて伏見城を出発し、上杉討伐に向かいます。その留守中に、石田三成は毛利輝元を総大将とした反家康軍を立ち上げ、伏見城を占拠します。つまり、上杉軍と毛利軍で家康軍を挟み撃ちにしようと考えたようです。

しかし家康もさるもので、またもその機を待っていたように反転します。土佐藩のところで述べた「小山軍議」はこの時のことです。一方、実質的に三成を中心とする反家康軍も京都から出発し、かくして両軍が関ヶ原で激突するわけです。

その結果、上杉家は戦わずして敗者になり、毛利家と同じく国替えの憂き目に遭《あ》います。毛利家のようにそれまでの会津一二〇万石から、四分の一の米沢三〇万石に押し込められたのです。もともといた越後《えちご》は海に面していたので、海産物の恵みがありました。しかし米沢は完全に内陸で、農業以外の産業は厳しい土地です。

さらに江戸時代初期、当主が跡継ぎを決めないまま亡くなり、断絶の危機を迎えます。前にも述べましたが、こういう場合は「武家諸法度」によって取り潰しになるのがルールです。しかしこのとき、縁戚にあった高家《こうけ》の吉良上野介《きらこうずけのすけ》の子供を養子に迎えることで、上杉家はかろうじて救われます。ただし罰として領地の一部を削られ、石高は一五万石となりました。当初から見れば、八分の一まで減らされたわけです。

今日の会社で言えば、営業利益が八分の一に落ち込んだようなものです。経営者としては、人員や交際費などの経費を大幅に削減するところでしょう。ところが米沢藩は、まったく交際費を減らさなかった。一二〇万石時代の格式のまま、ほかの大名とつき合ったりしていたのです。このままでは、赤字が膨らんで〝倒産〟するのは明らかでしょう。

◆倹約と接待のジレンマ

そこに九代藩主として登場したのが、上杉鷹山です。もともとは九州の小さな大名の次男だったのですが、母親が上杉綱憲《つなのり》の孫だったため、器量を買われて上杉家の養子に入ったのです。

破綻待ったなしの財政状況に驚いた鷹山は、まず「大倹約令」を発布します。文字どおり、交際費を含めて経費を大幅に削減しようというものです。一見すると当たり前の政策のように思えますが、家臣たちは猛烈に反発しました。これには大きく二つの理由があります。

一つは、かえって財政負担が重くなる恐れがあるということ。江戸時代は、接待文化が花開いた時代でもありました。幕府は大名の力を弱めるため、しばしば公共工事を命じました。しかし各藩としては、できるだけ受けたくない。だから幕府の主に勘定《かんじょう》奉行を接待し、「どうかうちの藩に回さないで」と頼み込んだわけです。

昨今の日本でも、官官接待が問題になったことがありました。地方の役人が中央の役人を接待して、うちのほうにダムを造ってくれ、高速道路を通してくれと頼み込むという構図です。地方にとって大きなメリットは、何を造るにせよ、それを国費で賄《まかな》ってくれること。接待でそれが叶うなら、お安い御用でしょう。

江戸時代の接待は逆です。公共工事を命じられたら、それは藩の持ち出しにしかなりません。だから必死で「うちの藩に公共工事を命じないで下さい」と運動する。担当する人間を江戸留守居《るすい》役と言いますが、藩の中でももっとも優秀で、洒脱《しゃだつ》で、金遣いのうまい者が選ばれました。

これはある意味で、他藩との競争でもあります。そこで接待の席では、例えば一杯一両（約一〇万円）の茶漬けといったものも提供されたそうです。最高級のコメ、水、茶葉を使うらしいのですが、今ならシャンパンのドン・ペリニヨンを開けるような感覚でしょうか。

すると他藩としても、同等かそれ以上の接待をしないわけにはいかない。こうして接待文化はどんどんエスカレートしていきました。たとえ一五万石でも、一二〇万石の藩のような接待をせざるを得なかったのです。

そんな環境で接待費を倹約すると、どうなるか。当然ながら公共工事を命じられる確率が高くなります。それはかえって財政を苦しめるだけ。だから家臣の中でも、特に江戸留守居役などは大倹約令に猛烈に反対したわけです。

◆家臣が大反対、倹約と伝統の相克《そうこく》

しかし、家臣たちが大倹約令に反対した理由は、それだけではありません。彼らに言わせれば、「鷹山は上杉家の伝統がわかっていない」ということになる。やせ我慢をしてでも、家の格式にこだわる必要があったのです。

上杉家は徳川家康に負けて石高を四分の一に減らされるわけですが、まだ敗北が確定したとは思っていなかった。**また戦争があれば取り戻せるし、場合によっては天下も取れると考えていた。だから往年の気風を維持しようとしていた**のだと思います。

そう真剣に考えているとしたら、まず重要なのは人員を減らさないことです。兵士が足りなければ、戦争には勝てません。特に上杉景勝や直江兼続のいた時代の上杉家は、復活に希望を持っていたと思います。あと十年も経てば家康も死んで、世の中はふたたび混乱する。そのときまでの辛抱と考えて、兵士をリストラしなかったのです。

しかし結局、世の中はいつまで待っても混乱しませんでした。本来なら、慶長二十年（一六一五）に豊臣家が滅んだ段階で、上杉家は方針を変えるべきでした。ところが「いつか領地を減らされた恨《うら》みを晴らす」という考え方は、上杉家の伝統として残ったのではないかと思います。ひとたび伝統として定着すれば、それはなかなか変えられません。それは朱子学の「忠」の精神でもあります。だから、ますます貧乏になっていったわけです。

その貧乏ぶりは、江戸の町人の間でも有名でした。だからこんな冗談が飛び交ったそうです。

「新品の鉄瓶から金気《かなけ》（鉄の独特の匂い）を取るには、『上杉弾正大弼《だんじようだいひつ》』と書いた紙を入れて煮立てればいい」

「上杉弾正大弼」とは、上杉家の大名が代々名乗った官名です。上杉家にはまったくカネがないから、一気に金気を吸い取ってくれる、というわけです。

一方、同じような境遇でありながら、果敢にリストラを断行したのが長州藩の毛利家です。やはり大幅に石高を減らされましたが、それに合わせて大量の武士を農民や町人に落下させたのです。そのため財政が破綻することはなく、むしろ新田開発などで豊かになり、倒幕の原動力になったのです。

また高杉晋作が奇兵隊を設立する際、かつてリストラされた武士の末裔《まつえい》がこぞって応募してきたと言われています。しかも、**「家康のせいで百姓にされた」と恨みも忘れていなかったらしい。**上杉家のやせ我慢は何だったのか、いろいろ考えさせられます。

◆対立の末に家臣を断罪する

鷹山が倹約とともに進めたのは、コメ以外の商品作物を作ること。ロウソクの原料になるハゼノキを育てたり、ウルシを多く栽培して漆器を作ったり、あるいは蚕《かいこ》を育てて米沢織という絹織物を生産したり、といった具合です。鷹山自らが鍬《くわ》を持って田畑に入ったり、またウルシの木の苗を植えたり等々、率先垂範《そっせんすいはん》で家臣・領民の意識改革を促しました。

しかしこれも、さまざまな抵抗に遭います。まず、農作業などは藩主のやることではないと言ってバカにする。小大名の息子に名門の格式はわからないと陰口を叩く。あるいは鷹山が家臣に模範を示すため、自ら城内の庭にウルシの苗を植えたところ、翌朝にはすべて引っこ抜かれていた、ということもあったそうです。農業は民の業《なりわい》としては尊いのですが、その上に立つ「士（武士）」のやることではない、という考え方、お気づきのようにこれも朱子学です。

鷹山と家臣の対立は治まらなかったのですが、結局、反鷹山派の中心メンバーに切腹または追放を命じることで、挙国体制を確立します。そこまでしなければ、改革を進めることは難しかったということです。

また鷹山は意識改革の名手でもありました。例えば当時、武士のくせに織物を織るのは貧しい浪人の妻女などの仕事と相場が決まっていました。薄給で、収入を得るために仕方なくやる仕事、というイメージです。米沢でも、誰もやりたがりません。

そこで鷹山は、高級織物については上級武士の家族以外が織ってはダメ、ということにしました。そうすると、おもしろがってやる人が出てきたのです。プライドをくすぐりつつ、職業に対するイメージも向上させるという、実に見事な策ではないでしょうか。

また、その人柄を表すようなエピソードも多数あります。例えば、稲作にとって大敵といえば大嵐、今で言う台風です。直撃を受けると、収穫が激減することは必至です。

ある初夏のころ、鷹山がイネの出来具合を見ながら「これで大嵐さえ来なければ、秋は豊作だな」とつぶやいたそうです。すると家来の一人が、「霊験《れいげん》あらたかな行者がいます。招いて大嵐を避ける祈禱をさせてはいかがでしょうか」と提案したのですが、鷹山は即座に断りました。「我が領内は助かっても、大嵐が他の領内に行けば、その民たちが困窮するから」というのが理由です。鷹山というのはそういう人でした。

◆戦国時代以来の遺風は消し去られた

鷹山は藩主の座を養子の上杉治広《はるひろ》に譲る際、三カ条からなる「伝国《でんこく》の辞」という言葉を残しています。

一、国家は先祖より子孫へ伝え候《そうろう》国家にして我私すべき物にはこれ無く候
一、人民は国家に属したる人民にして我私すべき物にはこれ無く候
一、国家人民の為に立たる君にて君の為に立たる国家人民にはこれ無く候

要するに、この国（藩）も領民もお前のものではない、主君は民が幸せに暮らせ

るようにしなければいけない、と説いているわけです。当時、こんな民主主義的なことを言った人は他にいません。

その基本は農業の推進ですが、商業を蔑視したわけではありません。商品作物をおおいに栽培し、それを売却して国を豊かにしようと図ったわけです。結局、藩の財政は立ち直りましたが、薩摩藩のように大幅な黒字を生んだわけではありません。プラスマイナスゼロといったところです。しかし貿易をせずに藩を立て直したという意味では、やはり稀有《けう》な例と言えるでしょう。

そしてもう一つ、鷹山が米沢藩にもたらした大きな変化があります。**それまで上杉家に濃厚に残っていた戦国時代以来の遺風を完全に消し去った**ということです。

先にも触れましたが、長州藩は幕末に息を吹き返しました。関ヶ原で煮え湯を飲まされた恨みを忘れず、強大なパワーを蓄えて幕府を倒したわけです。ところが、同じ関ヶ原の負け組である米沢藩は、幕末になっても何ら動きませんでした。

「謙信公、景勝公、お待たせしました。とうとうあの恨みを晴らすときが来ました。我々は天皇のために働き、憎き幕府を倒します」といった声が上がってもよさそうなものですが、誰一人言わなかったのです。

それはなぜかというと、鷹山が変えたからです。江戸時代初期からの牙を抜き去ることで、改革を成功に導いた。「もう八分の一に減った現実を受け入れて、戦国の夢は忘れなさい。これからは分相応な経済でやっていこう」という方針はうまくいきました。しかし**その裏返しで、恨みを忘れず、臥薪嘗胆**《がしんしょうたん》**でがんばろうという気風はすっかり忘れ去られた**のです。

世の中というのは、いろいろな見方ができるものです。一つを得れば、一つを失うということでもあるのです。

Point

破綻を救った鷹山の財政改革は、意識改革をすることで成功したのだった!

第六章

朱子学が幕府を滅ぼした

幕府崩壊の原因は家康の「誤算」にあった！

朱子学《しゅしがく》を理解しなければ、幕末はわからない

◆王者《おうじゃ》の天皇家、覇者《はしゃ》の徳川家《とくがわけ》

幕末を語る上で欠かせないキーワードが、「王者と覇者」です。今でもよく使いますが、もともとこれは朱子学の用語です。主君の二つのタイプを表しているのです。

もう一度言いますが、朱子学が絶対視するのは、親に対する「孝」と主君に対する「忠」です。そして絶対視するがゆえに、主君とはどういうものかを朱子学は厳密に考えています。

まず**「覇者」とは、実は悪い意味なんです。武力、陰謀などで天下を取った者。**

一方で「王者」は、徳をもって世の中を治める真の主君となる者です。

もちろん、家康《いえやす》はこれを知っていました。だから「松平《まつだいら》」から姓を改めるとき、本来は「得川《とくがわ》」だったところを「徳川」にしたのです。

ところが、家康には誤算がありました。江戸時代が進むにつれて、武士は必ず朱子学を学ぶようになりました。そこで説いているのは、**本来の我々が忠義を尽くすべき主君は、覇者ではなく王者である**ということです。しかし振り返ってみれば、徳川家は関ヶ原でも大坂の陣でもそうでしたが、武力と陰謀で天下を取っています。つまり、覇者ということです。

世の中に覇者しかいないなら、それでもいいでしょう。覇者でも主君です。主君は主君として、皆が忠義は尽くすはずです。ところが日本には、天皇家という王者がいる。厳密に言えば、これは理論上はおかしいことです。中国では、徳を失った王者を倒した者が新しい王者になります。だから、王朝が交代するわけです。一方日本の場合、天皇家はずっと天皇家のままです。

そこで日本人はこう考えるようになりました。

「なぜ、天皇家は連綿《れんめん》として続いているのか。それは徳があったから。だから、我々が本当に仕《つか》えるべき主君は、王者である天皇家である」

幕末から明治維新にかけては、この思想がベースになって世の中が動きます。まずペリーが黒船で来航すると、徳川家は「開国やむなし」に傾いていきます。そして大老《たいろう》の井伊直弼《いいなおすけ》が強引に「日米修好通商条約」に調印するわけです。

それに対し、薩摩《さつま》・長州《ちょうしゅう》は言いがかりをつける。「孝明《こうめい》天皇は、この国を外国人どもに荒らされてはならないと考えておられる。天皇は攘夷《じょうい》をお考えなんだから、我々はそれに従うべきだ」というわけです。

しかし幕府は従わない。そこで薩長は先駆けとなって攘夷を決行し、「もう徳川はダメだ。我々は尊王攘夷でいくんだ」と説いて幕府を潰《つぶ》し、その後でコロッと開国に寝返るというのが、明治維新の顚末《てんまつ》でした。

これは、家康のもっとも大きな計算違いです。繰り返し述べてきましたが、そもそも朱子学を導入したのは、徳川家への反乱を起こさせないためです。ところが**完全な逆効果となり、朱子学のスローガンが幕府を倒す大義名分《たいぎめいぶん》をつくってしまった**のです。

◆天皇のために働く者は「志士」である

そのきっかけは、朱子学が変容して日本の神道《しんとう》と結びついたことです。それは、けっして悪いことばかりではありません。**朱子学は、王者を尊ぶべしと説く。一方で神道は、この国の本当の主権者は天皇であるという。その両者が合体すれば、天皇の前ではすべての人が平等ということになる。その思想が広まったことで、明治以降は平等な社会ができた**のです。

だから、大日本帝国憲法の第一条は「大日本帝国ハ万世一系ノ天皇之ヲ統治ス」とあり、第三条は「天皇ハ神聖ニシテ侵スヘカラス」となっているのです。

かつて日本では、天皇が絶対であるがゆえに、その代理人である関白《かんぱく》や、政権を委託された将軍が威張《いば》っていました。それから身分秩序もありました。社会階層が細かく分かれ、同じ武士でも、将軍家の家来なのか、大名の家来なのか、石高《こくだか》はいくらか、最後は年齢でどちらが早く生まれたかで順番がつけられた。一〇〇人いれば、一位から一〇〇位まで序列があったのです。

しかし、少なくとも現代に序列はありません。我々はそういう市民社会に生きているわけですが、それは、朱子学がやかましく言っていた「士農工商」の階層があるという考え方が「万人平等」に変わったからです。なぜ変わったかと言えば、天皇です。天皇という偉大な存在の前では、関白であれ、将軍であれ、その辺の草むらで寝転んでいるオッサンであれ同じだと。問題は、天皇に対する忠義の心があるかどうかだということです。

そう説いた典型が、吉田松陰《しょういん》です。松陰はこう言っています。

「たとえ田舎の草むらにいるような身分の何もない下賤《げせん》と言われている人間でも、今日から俺は天皇のために働くと決意すれば、立派な志を持った志士である。それは天皇には及ばないが、関白や将軍などとは同格であると考えてもいい」（意訳）

それを象徴する言葉が「草莽崛起《そうもうくっき》」です。「草むらにいるような、取るに足らない身分の者よ、立って戦え」という意味です。では誰と戦うのか。それは天皇家の意向を無視している幕府や将軍です。いっそ潰してしまえという、ある意味で非常に過激な思想なのです。

だから、弟子の高杉晋作《しんさく》は奇兵隊をつくることができた。奇兵隊は、直訳すれば「変な兵隊たち」です。その名のとおり、武士階級だけではなく広く市井の人からも兵を募《つの》ったのです。

本来、朱子学の考え方で言えば、国を守るのはお上《かみ》や士《さむらい》の仕事であり、民はそれぞれの仕事を全《まっと》うすればいいはずです。むしろ、国のやることに口を出してはいけない。だからアヘン戦争のとき、イギリスの軍艦が攻めてくると、中国人の大多数は戦わずして逃げたのです。臆病だったのではない。彼らには、平等な市民意識というものがない、「戦争するのはお上の仕事」なのです。

一方、**日本はいつの間にかヨーロッパ風の市民社会を築くことができるようになりました。それはひとえに、朱子学と神道の合体によるものなのです。**

◆朱子学の影響は昭和二十年まで及ぶ

ただし、大きなマイナスの面もありました。

最近は、明治維新こそ国家を破綻《はたん》に導いたんだ、とする議論が話題になっています。例えば司馬遼太郎は、以下のように述べています。

「『宋学（たとえば朱子学）が、国をほろぼした』と、敗戦直後、病床の中国学者の君山狩野直喜《くんざんかのうなおき》博士（一八六八～一九四七）が、旧主筋の細川護貞《もりさだ》氏に言ったそうである。

（略）君山の昭和イメージをあえて我流に解説すると、まず朱子学（宋学）は空論だという。また、日本人の空論好きは宋学からきているという。

（略）理非を越えた宗教的な性格がつよく、いわば大義名分教というべきもので、また王統が正統か非正統かをやかましく言い、さらには異民族をのろった。

（略）このため過度に尊王を説き、大義名分論という色めがねで歴史を観、また異民族（夷）を攘《うちはら》うという情熱に高い価値を置いた」

そもそも朱子学は、南宋《なんそう》時代の儒学者である朱熹《しゅき》によって創始されました。宋の時代の中国は軍事的にきわめて弱く、女真《じょしん》族の金に北方の領土を奪われ、南に逃げます。しかし、「自分たちこそ世界一の民族である」という誇りを持つ中国人にしてみれば、野蛮な異民族から敗走することはたいへんな屈辱でした。そこで、何とか異民族に勝ちたいという夢を叶える形でつくられたのが、「水滸伝《すいこでん》」です。

朱子学も、その環境で生まれます。屈辱の中で育った朱熹は、「中華」を強烈に意識し、「我々こそ世界一の国。我々以外はみんな野蛮であり、そんな連中と交わる必要はない」と言い募ります。つまり**朱子学には非常に排他的な面があり、なおかつ現実を見ようとしない面がある。だから「空論」なのです。**

司馬によれば、日本がそれに染まりすぎたことが、昭和二十年（一九四五）の大破綻を招いたと中国学者の狩野博士は言っているということです。たしかに、そういう面があることは事実でしょう。

つまり、家康の蒔《ま》いた種が昭和二十年まで影響を及ぼしていたわけです。それを理解しない限り、歴史は読み解けない。**朱子学というものを理解しない限り、日本の歴史は理解できない**のです。

今の日本国憲法、特に第九条も理想論としては優れていても、軍事力を持つことを禁止することによって、それを行政府が忠実に守ろうとすると、国と国民の安全を守りきれないという点において、机上《きじょう》の空論と言わざるを得ません。

Point

家康が朱子学を導入したことにより、徳川は天皇を超える存在にはなれなかった！

儒教の中の陽明学《ようめいがく》から倒幕の理屈が成り立った

◈なぜ大塩平八郎《おおしおへいはちろう》は反乱を起こしたのか

朱子学の強烈なルールの一つに、「祖法《そほう》を守れ」というものがあります。つまりきわめて保守的で、新しい改革は難しいわけです。

例えば幕末、薩摩藩の島津斉彬《なりあきら》は、アヘン戦争で中国がボコボコにされたことを目《ま》の当たりにし、近代工場を設立して最新鋭のライフル銃を三〇〇〇丁製造します。ところが斉彬の死後、それらはすべて廃棄処分にされてしまうのです。

なぜなら、実質的な後継者となった異母弟の島津久光《ひさみつ》や父親の島津斉興《なりおき》が、**「先祖の決めたルールをみだりに変えてはいけない」という朱子学のルールを踏襲した**

からです。先祖が火縄銃《ひなわじゅう》でいいと言ったのだから、新しいライフルなど作ってはいけない、というわけです。

しかし、これではあまりにも社会に進歩がありません。そこで儒教の中でも反省が生まれ、新機軸を打ち出したのが王陽明《おうようめい》という学者です。彼が創始したのが「陽明学」で、その基本原則は「知行合一《ちこうごういつ》」。つまり、知識は実践を伴わなければ意味がない、もっと実践を重んじるべきだと説いたのです。

誰でも儒教を学ぶとき、最初のテキストは『論語』ですが、次のテキストは『近《きん》思録《しろく》』という朱子学の入門書です。しかし、それで満足しない人たちが、その次のステップとして陽明学を学んだのです。

例えば、目の前に圧政に苦しんでいる人たちがいるとします。朱子学の世界では、それは主君がやっていることなので、家臣ができるのは諫《いさ》めることだけ。それでも主君が言うことを聞かなければ、諫めた側が遺書を残して自殺するしかない。これを「諫死《かんし》」と言います。どれほどバカな主君でも、反乱は許されない。これが朱子学の限界です。

それに対して陽明学は、もう一歩踏み込みます。**どうしても言うことを聞かない、行動を改めない主君がいたら、諫死する前に戦え**と説くわけです。

それを実践した人物が、大塩平八郎です。大坂町奉行《ぶぎょう》所の与力《よりき》でしたが、陽明学の学者でもありました。学者としての名前は「中斎《ちゅうさい》」です。

飢饉《ききん》に直面したときのこと、将軍家のお膝元である江戸から大坂に、コメを送れと催促が来ます。もちろん関西も飢饉で、苦しんでいる民は数多くいる。しかし大坂町奉行というのは、上には従い、下には威張る組織でした。だから飢えている人たちを尻目に、貴重なコメをどんどん江戸に送ったのです。

大塩平八郎は、それは間違っていると考えた。そこで天保《てんぽう》八年（一八三七）、反乱を起こしたわけです。密告もあってあっさり鎮圧されますが、その目的は主君に取って代わることではなく、あくまでも政道を改めさせることです。この場合で言えば、大坂から江戸へ送られるコメをストップし、それを苦しんでいる民に分けることです。

主君に従うのが忠義だとすれば、これは忠義に反する行為です。しかし陽明学が朱子学と違うのは、**たとえ忠を損ねる行為であったとしても、その行為自体が正しいものであれば許されると考える**ことです。

もし大塩平八郎がガチガチの朱子学徒だったら、乱は起こさなかったでしょう。陽明学を学んでいたから起こしたわけです。

◆日本における陽明学派の系譜

日本における陽明学派の源流を辿《たど》ると、まず「近江聖人《おうみせいじん》」と称された中江藤樹《なかえとうじゅ》がいます。近江の人で琵琶《びわ》湖畔に住みつつ、陽明学に転向して多くの門人を育てました。その一番弟子が、熊沢蕃山《くまざわばんざん》です。

蕃山は日本における初めての経営コンサルタント的な人物でした。もともとは一介の民間学者だったのですが、弟子にしてほしいという大名が多数現れるほど人気があり、常に「先生、先生」と持ち上げられていました。

その思想は、現状に合わせて儒教を変革するものでした。戦国の世なら、兵農分離された兵士はフル稼働しますが、戦争がなくなれば仕事もない。働かない人間に給料を払うのはおかしい。ならば彼らにも田んぼを耕させればいいじゃないか。そうすればムダは減るし、コメの収穫も増える。その分、藩の経営状態も改善されるだろうというわけです。きわめて合理的・実践的で、人気があるのもわかるでしょう。

それを妬《ねた》んだのが、家康から家綱《いえつな》まで、将軍四代の侍講《じこう》を務めた「朱子学の家元」林羅山《はやしらざん》です。「蕃山の言っていることは耶蘇《やそ》（キリスト教）の邪法だ」と言いがかりをつけて失脚させます。そもそも林羅山という人は、豊臣《とよとみ》家が鐘銘《しょうめい》に刻んだ「国家安康」に、「家康様の名前を二つに割っている。これは徳川家を呪うものだ」とイチャモンをつけた人物です。

一方、朱子学者の中からは山崎闇斎《あんさい》という人物が登場します。彼は神道家でもあり、天皇家こそ日本の王者であると最初に言い出しました。なぜそう言えるかと言えば、それは天照大神《あまてらすおおみかみ》から神徳を受け継《つ》いでいるから、というわけです。

これは神道の考え方であり、朱子学とは別です。しかし、その両者を王者というキーワードで結びつけたのが、山崎闇斎なのです。

古学《こがく》派の山鹿素行《やまがそこう》は、『中朝事実《ちゅうちょうじじつ》』という本を残しています。中国の歴史を書いたかのようなタイトルですが、中身は日本史です。山鹿素行がこの本で訴えたのは、日本こそ「中華」であるということでした。**海の向こうで中華と名乗っている国は、歴史に覇者しか出てこない。だから二セモノに過ぎないのだ**、というわけです。

その思想が、後の吉田松陰にも影響を及ぼし、先に述べた「草莽崛起」の思想につながっていくのです。

◆天皇と将軍の対立から、倒幕の論理が生まれた

しかし、これだけではまだ倒幕の論理にはなりません。形式上とはいえ、征夷大将軍は天皇から任命される役職であり、政治の実権を天皇から預かっているからです。

江戸時代を通じて、徳川家は天皇家への禄高を絞り、困窮させていました。御所《ごしょ》の修理費もままならず、日常の食事もまずいものばかりになるよう、たいへん冷遇していたわけです。それでいながら、将軍が代替わりするときは手続きを踏み、天皇によって次の将軍が任命されるという形を取っていたのです。

例えば以前、「暴れん坊将軍」を見ていたら、吉宗《よしむね》が公家《くげ》の格好をして畏《かしこ》まり、京都から来た勅使《ちょくし》のお言葉を受けているシーンがありました。こういう儀式を経て初めて、正式に将軍の座に就《つ》いたことになるのです。

だとすれば、**その将軍が天皇に忠実である以上、将軍は天皇の代理人**と言えるわけです。それに対して反乱を起こすことは許されない。それは天皇に逆らうことと同じです。反乱に絶対に必要な条件は、天皇と将軍の考え方が不一致になることで

す。

これが、幕末に起こりました。孝明天皇は保守的で、国を開くことは許さんという姿勢でした。そもそもお坊ちゃん育ちで、淀川《よどがわ》すら見たことがなかったという人ですから、国際情勢などまったく理解できなかったのです。

一方、将軍家は国際情勢を知っています。あの中国でさえ、アヘン戦争でイギリスに屈服したのです。我々もその二の舞になって、屈辱的な条約を結ばされる恐れがある。ならば今のうちに手を打っておいたほうがいいというのが、徳川将軍家の考え方でした。

そこで将軍家は、井伊直弼を大老に選びます。大老は臨時職です。ふだんは、三～五人の老中《ろうじゅう》が合議制でものごとを判断していました。ただし三対二で決めるなどということはまずありません。全員が一致するまで、粘り強く話し合います。その基本になるのが、祖法でした。

これも朱子学の悪いところですが、彼らは鎖国《さこく》を祖法だと思い込んでいた。徳川家康は海外貿易を志向していましたが、一方で**朱子学には「商売は悪いこと」というルールがある。そんな悪いことをあの偉大な家康様が望むはずがない、だから開国して貿易などもっての外《ほか》**、と考えていたわけです。

しかし現実としては、開国しないとひどい目に遭《あ》う。もう老中の判断では埒《らち》が明きません。ならばということで、老中の一つ上に大老という役職を設け、その一名に判断させようとした。

裏を返せば日本的な無責任体制で、将軍に泥を被《かぶ》せないために、大老に丸投げしたわけです。井伊直弼はその意を汲《く》んで大老に就任し、日米修好通商条約、つまり開国条約にサインします。

当時の状況を考えれば、井伊直弼の判断はやむを得なかったと思います。もし日米修好通商条約に調印していなければ、イギリスと組んだアメリカがもっと乱暴なことをしてきた恐れがある。その結果、もっと不利な条件の条約を結ばされた可能性もあるからです。

しかし、これに対して孝明天皇は激怒します。さらに、それを喜んだのが長州藩でした。そもそも長州藩には、徳川家に対して関ヶ原の戦いで負けたという恨《うら》みがあります。そしていよいよ、天皇と将軍の考え方が不一致になるタイミングが訪れたわけです。

徳川家は覇者のくせに、王者である天皇家の御意向に逆らっている。**徳川将軍家は畏《おそ》れ多くも天皇の御意志に反し、開国を進める逆賊である。これは潰すべきであ**

るという理屈が成り立ちます。そこでまず、長州藩が倒幕運動に立ち上がるのです。

Point

鎖国の天皇、開国の徳川、両者の対立に倒幕派はつけ込んだ！

ペリーもあきれた、朱子学が生んだ幕府と外国の確執

◆黒船来航を幕府は事前に知っていた

ところで、嘉永《かえい》六年（一八五三）の黒船の来航というと、突然現れて日本中を驚かせたというイメージがあります。しかし、それは違います。少なくとも幕府の幹部は、事前に把握していました。

まず、ペリーの出航はアメリカの新聞に載りました。その情報は、自然と各国に拡散されます。日本へは、出島《でじま》のオランダ商館長から毎年幕府に届けられる国際情勢の報告書である「別段風説書《ふうせつがき》」を通じて、知らされていたのです。

当時は情報の伝わるスピードが非常に遅いので、もしペリーが太平洋を直接横断

してきたら、幕府が情報を知るより先に黒船が到着していたかもしれません。サンフランシスコから浦賀《うらが》まで、嵐に見舞われたりしなければ蒸気船でおよそ二週間です。しかし、ペリーは地球の反対側を回ってきました。東海岸から出航し、大西洋を渡ってアフリカの南を通り、インドに出て、そして中国、琉球《りゅうきゅう》と通過して日本に到達したのです。その分、情報のほうが先に届いたわけです。

なぜ、そんな遠回りをしたのか。

それは、日本がまだ開国していなかったからです。黒船のような蒸気船に欠かせないのは、途中の補給基地です。燃料である石炭を補給できるというアテがなければ、出航できないのです。日本と国交がない以上、寄港もできないし石炭も補給できない。そんな国に直接行くことはできなかったのです。ちなみにペリーは四隻の艦隊で来航しますが、そのうち一隻は石炭だけを積んだ輸送船です。

実はこれが、アメリカが日本に開国を迫った理由です。開国して石炭補給基地になってくれれば、日本を足がかりにアジアへ非常に行きやすくなるわけです。

日本にとっても、それはけっして無理な相談ではありませんでした。むしろ**「貿易で一緒に儲《もう》けよう」という話なので、きわめて魅力的だったはずです。**しかも、その到来を事前に察知していたわけです。

にもかかわらず、幕府は真摯に対応を協議することもなく、いざ到来した際も無下《げ》に断ってしまうのです。それはひとえに、朱子学の「商売は下劣な人間のやること」という思想が蔓延《まんえん》していたためでした。

◆「フェートン号事件」の屈辱

またペリーの来航について、教科書でもドラマでも「日本の国難」と紹介されることが多いと思います。暴力的に不平等条約を押し付けられた、というイメージを持っている人も多いでしょう。

しかし、これも違います。アメリカは当初、不平等条約を押し付けるつもりなどまったくなかったのです。その証拠に、**実はペリー以前にも、アメリカは日本に貿易を求めてきていた**のです。

例えば天保八年（一八三七）、「モリソン号事件」と呼ばれる出来事がありました。アメリカの民間商船モリソン号が、民間ベースで日本に貿易を求めてきたのです。同船は海賊対策として大砲を積んでいましたが、わざわざそれを取り外して友好親善を求めてきました。これが、アメリカからの最初のコンタクトです。ところが幕府は、彼らに大砲を撃ちかけて追い払いました。

また弘化《こうか》三年（一八四六）には、海軍軍人でビッドルというペリーの前任者が、アメリカ大統領の意を受けて来日しています。もちろん開国と貿易の提案だったのですが、幕府はこれを無礼にも殴って追い返しているのです。

ではなぜ、幕府はそれほど野蛮な対応をしたのか。実は、そのきっかけとなる出来事がありました。それが文化《ぶんか》五年（一八〇八）のフェートン号事件。イギリスの軍艦フェートン号（三本マストの帆船《はんせん》）が、イギリスの国旗を下ろし、日本と国交のあったオランダの国旗を掲げて長崎港に入ってきたのです。これは当時でも国際法違反であり、きわめて卑怯な行為です。

すんなり関所を通過した彼らは、出島にいたオランダ商館員を捕らえて人質にとり、第三者的立場にある日本に対して「食糧をよこせ。新鮮な水をよこせ」と要求します。武器が粗末で対抗手段を持たない日本としては、その要求に従わざるを得ません。結局、長崎奉行は食糧や薪《まき》や水も提供することになるのです。

当時、イギリスとオランダは国際貿易でライバル関係にあり、ほぼ戦争状態でした。そのイギリスから見ると、日本に出島という拠点を持っているオランダは羨《うらや》ましい。そこでひと泡吹かせてやろうと思ったようです。

この一件からもわかるように、当時のイギリスはとんでもない国家でした。中国で起こしたアヘン戦争もその一例です。インドを奴隷化して綿花や麻薬を安く作らせ、その麻薬を中国に売りつけて莫大《ばくだい》な利益を上げる。怒った中国（当時は清《しん》国）がアヘンを没収して処分したら、それを「貿易協定違反」として戦争を仕掛けたのです。

イギリスは当時から民主主義国家なので、戦争を仕掛けるには国会の予算承認が必要です。アヘン戦争の際も、「イギリスの良心」と称されたグラッドストンという政治家が「こんな恥知らずな戦争に、国費を出してはならない」と演説したのですが、多くの支持は得られませんでした。「儲かるほうがいい」という意見が通ったのです。当時のイギリスは、「野蛮」だったと言えるでしょう。

だからフェートン号事件では、当然ながら日本も激怒します。

長崎は幕府の直轄《ちょっかつ》地で、長崎奉行には幕府から旗本《はたもと》が派遣されていました。また国で言えば肥前国《ひぜんのくに》佐賀藩なので、その大名の鍋島《なべしま》氏と、隣国の福岡藩の黒田氏が交代で警護を担当していました。

しかしこの一件により、長崎奉行の旗本は責任をとって切腹しました。また警護を担当していた佐賀藩も処罰されます。

この事件を教訓に後年、改革を行ったのが、父親の藩主・鍋島斉直《なりなお》を処罰された息子の鍋島閑叟《かんそう》（直正）です。「幕末の怪物」と呼ばれた人物ですが、「そもそもイギリスに手も足も出なかったのは、幕府が武器の改良を禁じていたからではないか」ともっともな理屈を展開します。その責任を我々に押し付けて処罰するとは何事だ、というわけです。

言うだけではなく、閑叟は実際に行動を起こします。長崎に大量の藩士を留学させ、藩の近代化を進めたのです。**これが幕末、佐賀藩に強大な力を持たせることになります。**司馬遼太郎はこの一件について、「明治維新は一足先に佐賀藩で成し遂げられた」と述べています。

それはともかく、フェートン号事件の最大の影響は、幕府が「白人というのは野蛮なヤツらだ」と思い込んだことです。以来、「外国船が接触を求めてきたら、追い返せ」という厳命が下ることになります。ここに、幕府の大きな誤りがあったわけです。

◈幕府は対等貿易のチャンスを逃《のが》す

そもそもイギリスとアメリカは、まったく違う国家です。アメリカは、イギリスの植民地から独立して誕生しました。なぜ独立したのか。それはイギリスがインドや清国にやったような方法で、アメリカにいたイギリス人たちを痛めつけたからです。つまりアメリカという国は、イギリスの野蛮なやり方に反発して独立した国なのです。だから日本に対しても、**最初は威圧的でも狡猾《こうかつ》でもなく、「お互い太平洋で向かい合ってるんだから、貿易しておおいに儲けよう」と呼びかけてきた**わけです。

その誠意は、例えばジョン万次郎を救助したことからもわかるでしょう。前にも述べましたが、幕府は外洋航海を禁じていたため、江戸時代の日本の船は一本マストの粗末なものしかありませんでした。だからひとたび嵐などで外海まで流されると、もう国内には戻れないのです。

漁師だったジョン万次郎もその一人で、天保十二年（一八四一）に伊豆諸島南方の無人島まで流されていたところ、アメリカの捕鯨船によって救出されたのです。当時のアメリカはまだ南北戦争前で、国内には黒人奴隷がいました。また日本人とそっくりの先住民ネイティブアメリカンも差別を受けていました。ところがジョン万次郎はアメリカで優遇され、市民権は与えられるし、学校にも入れてもらえた。なぜなら、アメリカに日本と仲良くしたいという意図があったからです。

しかし、幕府は前例を踏襲して開港を拒《こば》み続けた。そこでついにアメリカも頭に来て、ペリーを差し向けてきたわけです。ペリーはいきなり江戸湾深く侵入し、江戸城に向けて大砲を突き付けます。これを「砲艦外交（Gunboat diplomacy）」と言いますが、脅《おど》しながら「オレの言うことを聞け」と迫ってきたのです。

それでも幕府が拒んだため、アメリカはとうとう宗旨《しゅうし》替えをしてイギリスと組み、共同歩調をとって日本に開国を迫るようになります。ここで不平等条約の芽が生まれるわけです。

幕府としては、たいへんなチャンスを逃したとも言えるでしょう。**最初の段階でアメリカの申し出を受け入れていれば、貿易でおおいに儲けることができたはずです。**加えて、アメリカは優れた軍事力を持っています。そこで友好関係を築いた上で、「薩摩、長州という反抗的な藩があるが、あなたたちの力でやっつけてくれないか」と持ちかけることもできたはずです。つまり、財政面でも軍事面でもメリットは大きかった。結果として幕府が潰れることもなかったと思います。それくらいおいしい話だったのです。

ではなぜ、それを断ってしまったのか。もちろんフェートン号事件の教訓もありましたが、少し冷静に交渉すれば好条件ばかりです。そこでネックとなったのが、

ポーハタン号　米国海軍の外輪を持った蒸気軍艦（「黒船ポーハタン号の図」、下田了仙寺蔵）。嘉永７年（1854）、ペリー率いる米国艦隊「黒船」が再来航した際の一隻である。長州藩士の吉田松陰が、ポーハタン号が下田港に停泊していた際、乗り込んで密航を企てたが、発覚して捕らえられたことでも有名。

やはり朱子学でした。

ペリーは「航海日誌」を書き残しています。その中に、たいへん興味深い記述があります。

「実際のところ、交渉の最初から我々は様々な段階で障害に悩まされた。特に言葉の使い方について、さほど重要でもないはずのこと、例えば『商品』という言葉は使わずに、『物品』を使えなどと、どうでもいいことを日本側は執拗《しつよう》に主張してくるのだ」（意訳）

ここで言う「商品」とは、

原文では「merchandise」、また「物品」が「goods」です。初期の和親条約の交渉でペリーが求めてきたのは、アメリカ船が日本に寄港することを認めることです。簡単に着岸するだけではなく、船員が上陸して休養したり、野菜や薪や新鮮な水を補給したりすることも含みます。当然、その際には料金の支払いも発生します。

そこでアメリカ側は「それらの『商品』について、我々はお金を払う用意があるよ」と伝えるのですが、その途端、日本側の全権が「商品と言うな！　物品と言え！」と怒り出したらしいのです。

ペリーとしては、「どうしてそんな細かいことにこだわるのか？」と思うところでしょう。しかし幕府にとっては重大事です。再三述べてきたとおり、**朱子学によれば「商売は卑しい人間のすること」だからです。**そう周知徹底してきた幕府自身が、商売に手を染めるように見えることは許されなかったのです。

◈無礼な態度でロシアを怒らせる

アメリカだけではありません。実はロシアも、フェートン号事件よりも前の文化元年（一八〇四）に日本と接触を図っています。外交官のレザノフが、長崎の出島までやって来たのです。

彼らが日本に求めたのも開港で、主な理由はシベリア開発でした。シベリアはモスクワやペテルブルクから遠く離れ、しかも冬は雪で閉ざされる未開の地です。後にシベリア鉄道の開設で解決するのですが、当時はまだありません。しかし、海路を経由すれば行きやすいので、開発も進む。それには途中に暖かい寄港地が必要であり、地理的に日本が最適だったのです。

そこでロシアも、きわめて丁重に日本に接してきました。例えば、ジョン万次郎と同様に外海まで流された大黒屋光太夫《だいこくやこうだゆう》は、ロシア領のアリューシャン列島に漂着したところを救出されました。

ロシアとしては、彼を奴隷にする手もあったと思いますが、そんなことはしませんでした。大黒屋光太夫は、当時の女帝エカテリーナ二世に謁見《えっけん》して帰国を叶えていま す。女帝から直々に「ロシアは日本と仲良くしたいと思っている。あなたがその架け橋になってくれ」と声をかけられ、非常に感動したと言われています。

レザノフも、礼を尽くして長崎を訪れました。しかし幕府は、その申し出をけんもほろろに拒否します。それどころか「侮辱して追い返せば、二度と来ないだろう」などとバカなことを考え、それを実行しました。

結局、レザノフは成果を何ら得られないまま長崎を離れ、ロシアはその対応に激怒します。しかしアメリカとは違い、ペリーのような人物を日本に派遣することはなかったのです。

アメリカもそうですが、ロシアと日本は海を挟んだ隣国です。**その隣国が仲良くしましょうと好条件で持ちかけてくれたのに、やはり朱子学の教えを理由にチャンスを逃してしまった**わけです。

結局、日露が和親条約を結ぶのは、日米が和親条約を締結した翌年の安政《あんせい》二年（一八五五）のことでした。アメリカと先に条約を結んだことに対し、ロシア側から「我々のほうがずっと紳士的にオファーしているのに」と腹を立てられ、さすがに幕府も「もっともだ」と思ったのでしょう。

もしレザノフの段階でロシアの言うことを聞いていれば、日露の関係はずっと良好だったはずです。そうしたら、後の日露戦争もなかったかもしれません。というのも、日露戦争の遠因もやはりシベリア開発にあったからです。ロシアとしては、そのために南の海への進出が必須であり、そこで朝鮮半島を管理下に置こうとしたわけです。

しかし日本にとってみれば、朝鮮半島がロシア帝国になってしまえば、次は自分たちが狙《ねら》われる恐れがある。だからやむを得ず戦争に踏み切り、朝鮮の取り合いをしたわけです。つまり、もし江戸時代から幕府がシベリア開発に協力していれば、共存共栄できたかもしれないのです。

Point

紳士的なのはアメリカ、ロシアであり、幕府は侮辱して追い返したのだった！

慶喜《よしのぶ》と久光の確執が倒幕へと舵《かじ》を切らせた

◆朝廷に倒幕の意志はなかった

次に、この時代の朝廷の動きを追ってみます。

幕府が勝手に開国したことを、外国嫌いの孝明天皇は不愉快きわまりなく思っていました。いや外国「嫌い」というより、神道の「ケガレた人間ども（外国人）」を日本に入れれば日本全体が不幸になる、という「信仰」でしょう。しかし、だからといって幕府を潰そうとは夢にも考えていません。これまで天皇家は、日本の政治を幕府に委任してきました。幕府もちゃんと機能していました。その型を崩すことはない、それが「祖法」だ、という考え方だったのです。つまり天皇家も朱子学の影響を強く受けていたということです。

だからこそ、孝明天皇の妹御である和宮《かずのみや》様を将軍家御台所《みだいどころ》（正妻）にくださいという徳川家からのオファーも受諾します。ただそのとき、孝明天皇は条件を付けました。「その代わり攘夷を実行せよ、鎖国を守れ」ということです。

それに対し、幕府は「守ります」と約束して和宮を嫁に貰いますが、攘夷を一向に実行しようとしない。そこに長州藩がつけ込み、「孝明天皇の御意志を、畏れ多くも徳川家は無視している。これは倒幕すべきだ」と長州派の公家に持ちかけるわけです。

中でも有名なのが三条実美《さねとみ》です。長州藩に焚《た》きつけられ、孝明天皇に「幕府はけしからん」という宣言を出してもらうよう進言します。しかし孝明天皇は、これに対しても「そんなことは考えていない」と怒り、腹心である中川宮《なかがわのみや》に対処を命じるのです。

中川宮はまず、孝明天皇の言うことなら絶対に聞く、将軍に京都守護《しゅご》職に任命されている会津《あいづ》藩の松平家と話をつけます。「たしかに孝明天皇は攘夷を望んでいるが、長州藩の目的は倒幕であり、そのために孝明天皇を利用しようとしているだけ。そういう勢力を京都から一掃しよう」と持ちかけるわけです。そのとき、「もっともだ」と考えた薩摩藩も会津の味方をします。

その結果、文久《ぶんきゅう》三年（一八六三）の八月十八日、この三者連合が長州と三条実美を中心とする長州派の公家を京都から追放します。これが「八月十八日の政変」です。

◆孝明天皇は過激な長州が嫌い

ところが、長州藩はまだ懲《こ》りません。やはり朱子学が浸透していたので、**「我々のやっていることのほうが正義だ」と思い込み、会津藩と薩摩藩がいるから孝明天皇のお望みどおりにならないのだ**と恨みを募らせます。

つまり長州藩は、きわめて独りよがりだったわけです。「独りよがり」という言葉は、長州藩のためにあると言ってもいいかもしれません。

そこで翌年の元治《げんじ》元年（一八六四）、長州藩は大軍をもって京都へ攻め上り、御所を攻撃します。これが「禁門の変」です。同じ長州藩内でも、桂小五郎《かつらこごろう》（木戸孝允《きどたかよし》）や高杉晋作のように世界を知っている一派は反対しましたが、強硬派の勢いのほうが強かったのです。

西郷隆盛（国立国会図書館蔵）

ところが、これも失敗します。そもそも孝明天皇は、過激な長州藩が嫌いなのです。また、このとき、薩摩藩と会津藩がともに長州から御所を守るという立場を取っていましたが、その薩摩軍の指揮を執っていたのが西郷隆盛《さいごうたかもり》でした。薩摩軍は長州の総大将とも言うべき来島又兵衛《きじまたべえ》を鉄砲で討ち取っています。

この結果、長州藩は畏れ多くも御所を攻めた「朝敵《ちょうてき》（天皇家の敵）」ということになりました。これを喜んだ幕府は、孝明天皇に長州藩を潰す許可を申請します。もともと長州嫌いの孝明天皇にも、もちろん異論はありません。かくして、元治元年に「第一次長州征伐」が始まるわけです。

ちなみに「征伐」とは、鬼退治と同様、悪いヤツをやっつけるという意味です。この言葉を使えるのは、基本的に天皇の命令が下ったときだけです。

このとき、幕府連合軍の参謀に選ばれたのは、西郷隆盛でした。幕府が主導する軍隊なので、本来なら旗本や徳川御三《ごさん》家《け》から選ばれるべきでしょう。それが西郷になったのは、それだけ彼の軍略が支持されていたということです。

ところが西郷は迷います。そこで「恩師」でもある薩摩藩主の島津斉彬が高く評価していた幕臣の勝海舟《かつかいしゅう》に会い、「今後、どうしたらいいですか」と尋ねたところ、とんでもない回答が返ってきたのです。「お前さん、今は内乱なんかやっている場合じゃないだろう。いずれ長州と薩摩がくっついて、幕府を倒すなんていう展開もあるかもしれないぞ」と。

それで西郷は仰天します。幕府は長州藩と薩摩藩を戦わせることによって、共倒れを目論《もくろ》んでいるのではないか。それは幕府にとってプラスだが、日本にとって本当にいいのか、もっと大局的に見るべきではないかと考え直すわけです。

結局、西郷の強力な進言により、第一次長州征伐は長州藩の責任者である家老三人の切腹および「山口城」の破却で収束します。しかし、その結果長州藩の中も、幕府に従うことを是《ぜ》とする家臣が主流を占めるようになりました。

ところがその後、高杉晋作が挙兵して藩論を引っくり返します。また、勝海舟の意を汲んだ坂本龍馬《りょうま》や同じ土佐《とさ》藩士の中岡慎太郎《なかおかしんたろう》などの尽力により、長州と薩摩が力を合わせて幕府を倒したほうがいいという話になるわけです。

◆明治天皇の即位で朝廷の態度は一変

このとき、長州にとって追い風になったのは、慶応《けいおう》二年（一八六六）の末に孝明天皇が突然亡くなられたことです。死因は公式には天然痘《てんねんとう》ということになっていて、その詳しい治療記録も残っているのですが、私はこれは細菌テロだったと考えています。

当時、開明的な人は、後《のち》の明治天皇になる祐宮《さちのみや》も含めて種痘《しゅとう》を受けています。そうすれば、天然痘には絶対になりません。ところが、それを拒絶する人がいた。あんなバテレンの邪法のようなものは、中華の立場からは認められない、というわけです。

その一人が、孝明天皇でした。だから御所に意図的に天然痘患者を下働きなどで送り込めば、種痘を受けている味方を殺さない一方で、受けていない人をバタバタと倒すことができる。私は、それを誰かが実行したのではないかと疑っています。別に殺さなくても天皇が天然痘（というケガレ）に取りつかれたことを恥じて退位すれば目的は達成されます。

それはともかく、次に即位した明治天皇（祐宮）は、母親が中山家というところの出身ですが、中山家は長州を盛り立てていこうという立場の三条家と非常に親しい。そこで明治天皇になって、朝廷の方針はまったく逆になります。**孝明天皇の命令は「長州を討て」でしたが、明治天皇の命令は「徳川慶喜を討て」になる**のです。

この大転換の背後で重要な働きをするのが、西郷隆盛や大久保利通《としみち》ではなく、実は薩摩藩主の父・島津久光です。

明治以降なら、西郷は政府の高官、つまり明治天皇の直属の家臣なので、久光の言うことを聞く必要はありません。だから久光が反対していた版籍奉還《はんせきほうかん》も、天皇への建白という形で実施できました。これにより、大名家は片っ端から潰されることになったのです。

しかし明治維新前は、まだ薩摩藩が厳然と存在し、西郷はその一家臣に過ぎません。したがって、久光の言うことには絶対服従しなければいけない。逆らうことは不可能でした。しかもその久光は保守主義者で、当初は幕府を潰そうなどと考えてはいませんでした。

ところがその後、西郷は桂小五郎と謀《はか》って長州藩と同盟を結んだ。つまり薩摩藩は、いつの間にか倒幕へ大きく方向転換したということです。西郷の独断で、こんなことはできません。久光の意向に反していたなら、三度目の島流しにでも処されていたはずです。言い換えるなら、久光も幕府を潰すことを了解していたわけです。

では**なぜ、久光は方向転換したのか。それは、一橋《ひとつばし》慶喜との確執です。**慶喜は優秀な人物ですが、疑り深いところがありました。久光に対しても、天下を握ろうとしているのではないかと疑っていた。そこで亀裂が生じるわけです。

もともと久光は、孝明天皇のお気に入りでした。当時は無位無官なので、本来は天皇の前にも出られないはずです。しかし、例えば鉄砲隊を率いて江戸に入り、天皇の名をもって幕府に改革を迫ったりしています。具体的には、一橋慶喜を病弱だった一四代将軍徳川家茂《いえもち》の将軍後見職、事実上の副将軍に据《す》えろと要求し、実現させた。これは、兄の斉彬がやろうと思ってできなかったことです。

こういう一件もあって、孝明天皇は久

桂小五郎（国立国会図書館蔵）

光を深く信頼します。久光は「三郎」と呼ばれていましたが、「三郎さえおれば、何ごともうまくいく」と、孝明天皇自身が述べているのです。

その後、将軍家茂が亡くなると、第一五代将軍の座が一橋慶喜に回ってきます。かくして徳川慶喜が誕生するわけです。

今にして思えば、もし慶喜が久光と固く手を組み、倒幕勢力と対抗する構図になっていれば、幕府はもっと存続したでしょう。しかし、肝心の慶喜が久光を疑っていた。久光自身は慶喜を守《も》り立てるつもりだったのですが、慶喜はそう思わなかったのです。

だから、酒の席で酔ったふりをして、みんなの前で久光を罵倒するようなこともありました。それで、さすがの久光もキレてしまったのだと思います。慶喜が将軍になっても、自分にいいことは一つもないと。かくして皮肉にも、薩摩藩も長州藩と足並みを揃《そろ》え、倒幕へと舵を切ったわけです。

◆幕藩体制は時代遅れだった

大局的に見ても、幕府と大名がこの国を仕切っていく幕藩体制は、もう時代遅れになっていました。例えば老中と言えば、日本を動かす五人の大臣です。ところがその人材は、譜代《ふだい》大名の家からしか選べない。全国の大名の数は二六〇ほどですが、そのうち譜代大名は一四〇程度です。つまり最大でも一四〇人の中からしか選べないわけです。

また当時の日本の人口を推計すると、石高が全体で四〇〇〇万石程度と言われているので、一石で一人分の食料とすると、ざっと四〇〇〇万人になります。人口の半分を占める女性にはまだ政治参加する資格はなかったのですが、残りの二〇〇〇万人の男性の中には優秀な人もいたはずです。それを最初から一四〇人にまで絞ってしまうこと自体、非常に不合理でしょう。

しかも大名家と言っても、当主が年寄りの場合もあれば、まだ十五歳の少年という場合もありますから、実質的に選べるのは五〇人ぐらいでしょう。二〇〇〇万人も候補者がいるのに、五〇人の中からしか大臣を選べない国家と、二〇〇〇万人の中から選べる国家と、果たしてどちらが強いかということです。

あるいは将軍にしても、その座に就けるのは将軍家の血筋のみ。これから国難の時期という幕末でも、例えば一四代将軍の候補者は一橋慶喜と紀州藩の徳川慶福《よしとみ》の二人しかいなかった。しかも若殿で病弱だった慶福が選ばれ、家茂になるわけです。

対象的な存在がアメリカでしょう。アメリカ国籍を持つ男性であれば、誰でも大統領に立候補できます。つまり家柄とは関係なく、基本的に優秀な人間がトップになれるわけです。

有名な話ですが、勝海舟が「咸臨丸《かんりん》」でアメリカに渡って帰国したとき、老中に呼び出されて「アメリカはどうだった？　我が国と何が違っていた？」と聞かれるんです。それに対し、皮肉屋の海舟はまず「たしかに機械などは進んでいましたが、人間のやることでございます。古今東西、そんなに変わりがあるものではございません」と答えます。

しかし老中は納得しない。「いや、それだけじゃないだろう。何かあるだろう」と食い下がったところ、海舟はニヤリと笑ってこう言ったそうです。

「さよう、かの国アメリカでは、上に立つ者はすべて、それ相応に利口でございます。このことばかりは、我が国とまったく反対のように思われます」

老中は「無礼者、下がれ！」と怒鳴ったそうですが、これは海舟の言うとおりでしょう。「そういう国では外国には勝てない」というのが勝海舟の思いであり、それが後の明治国家のスローガンになっていくわけです。

Point

慶喜の疑り深さがあだとなり、
久光との亀裂を生んでしまった！

「大政奉還《たいせいほうかん》」と「王政復古の大号令」の攻防

◆「討幕の密勅《みっちょく》」に「大政奉還」で対抗！

慶応三年（一八六七）、明治天皇の名において「討幕の密勅」が下されます。その中では「慶喜を殄戮《てんりく》し」という難しい言葉が使われていますが、要するに「徳川慶喜をぶち殺せ」という秘密命令が下ったわけです。

一方、その動きを知っていた慶喜は、同じ日に二条城で「大政奉還」を行います。当時からおよそ七百年前、源頼朝《みなもとのよりとも》が鎌倉幕府を開き、日本の統治は武家に委《ゆだ》ねられることになりました。実際には朝廷から権力を奪ったわけですが、形の上では天皇が幕府の長である将軍に政治を任せることになったとされていました。徳川将軍の代替わりに任命の勅使がやって来ていたのも、その名残りです。慶喜はそれを逆手に取り、権力を七百年ぶりに朝廷にお返ししますと宣言したわけです。

この方法を慶喜に提案したのは、直接には土佐藩の前藩主・山内容堂《ようどう》ですが、そのアイデアを提供したのは坂本龍馬でした。ただし、司馬遼太郎の有名な小説『竜馬がゆく』では坂本龍馬がこれを独自に思いついたように書いていますが、それはおかしい。それ以前に幕臣の勝海舟や大久保一翁《いちおう》あたりが考えを持っていて、龍馬はそこから学んだのだと思います。

その後、龍馬は土佐の上級藩士の後藤象二郎《ごとうしょうじろう》にはそういうやり方があると伝えたらしい。そして後藤が、前藩主で政界に強い力を持っている山内容堂に伝えました。

容堂はそれを慶喜宛の手紙に記し、同じことを考えていた慶喜も渡りに船と言わんばかりに大政奉還を発表した。こういう流れになっているわけです。

これに困ったのが、薩摩と長州です。慶喜が勝手に政権を動かしているというのが「討幕の密勅」の論理だったのに、その政権を返されると「討幕」の根拠がなくなります。振り上げた拳《こぶし》の下ろしどころがなくなってしまったわけです。

そこで「日本最大の人格者」とも称される西郷隆盛は、とんでもない手段に出ます。それが、江戸薩摩藩邸の焼き討ち事件。**江戸の薩摩藩士にテロを命じ、幕府を挑発して拳を振り上げるように仕向けた**のです。

幕府は、その挑発に乗ってしまいます。そして慶応四年（一八六八）、鳥羽《とば》・伏《ふし》見《み》の戦いが始まります。大坂から京都に向かう鳥羽街道と伏見街道において、京都にいた薩摩・長州軍と、大坂城から攻め上った幕府軍が激突するわけです。

詳細は後で述べますが、ここで薩長側が圧勝したことにより、倒幕による明治維新が確立していくことになるのです。

◆「王政復古の大号令」で幕府消滅へ

江戸へのテロ攻撃とともに、西郷はもう一つ手を打ちます。慶応三年、朝廷に働きかけて「王政復古の大号令」を発布するのです。将軍も関白も存在しない、天皇だけが政治を行っていた時代に戻すというもので、それは結局、物事を新しくすることでもあるので、ここから「維新」という言葉が使われるようになりました。

ふつう、こういう場合に使うのは「革命」です。これはもともと中国語で、王朝交代を意味します。中国のトップが皇帝であるという体制は変わらないが、その体制の中で皇帝を世襲するファミリーが入れ替わるということです。

したがって、本来の「革命」は英語の「revolution」とは違います。フランス革命で王政が共和制に入れ替わったように、完全に体制そのものが変わるということではないのです。

しかし、明治時代に「革命」を「revolution」と訳してしまったので、革命とは呼べなくなりました。だから「維新」という言葉で落ち着いたわけです。新しくしたことには違いないと。

ついでに言うと、「皇帝」は中国語で、中国全土の支配者という意味です。だから厳密に言えば、「ローマ皇帝」という言い方はおかしい。あれはローマ全土の支配者のことで、英語で「エンペラー」と言います。両者は当然違うので、本来は「エンペラー」を「皇帝」と訳してはいけないのです。また、日本のトップである「天皇」は「天皇」であって、他に訳しようがありません。エンペラーでも皇帝でも王でもないのです。

だとすれば、「王政復古」という言い方もおかしいと気づくはずです。本来、「王」は皇帝より下です。だから「帝政復古」のような言葉のほうが適している。

しかし「尊王攘夷」と言い始めたころから、「王」を「国王」ではなく朱子学の言う「王者・覇者」の王者の意味で使っているので、つい「王政」のまま定着したのでしょう。

「王政復古」の基本理念は、天皇の権限を代行してきたあらゆる役職を取り払い、天皇一人に権力を集中させるということです。それを表すように、このころから「上《かみ》御《ご》一人《いちにん》」という言い方がよくされるようになりました。上には天皇御一人しか存在せず、その下では公家も武士も農民も町人も全員が平等ということです。

とはいえ、天皇が実務を何もかも取り仕切ることはできません。そこで「総裁・議定《ぎじょう》・参与《さんよ》」という三職だけは置くことにした。これが「王政復古の大号令」の意義です。

Point

明治維新は「革命」とは呼べない。「レボリューション」とも違う！

「五箇条の御誓文《ごせいもん》」は外国向けに書かれたものだった

◆薩摩・長州の驕《おご》りと挫折

さらに慶応四年（一八六八）には、「五箇条の御誓文」を出しました。意外に知られていませんが、これは外国向けの文書です。

明治維新直前まで、薩摩藩も長州藩も攘夷を主張していました。ただし両藩ともに「このままではいけない」と目覚めた人たちもいた。薩摩では西郷隆盛など、長州では高杉晋作などです。そこで両藩とも、それぞれ藩士をこっそり欧州へ留学させていました。薩摩藩では五代友厚《ごだいともあつ》など、長州藩では伊藤俊輔《しゅんすけ》（後の博文《ひろぶみ》）などです。

しかし、藩の大勢としては、まだいずれも攘夷でした。そのため、外国からたいへんな惨禍を被《こうむ》ることになります。

まず薩摩藩については、保守派の島津久光が「国父《こくふ》」と名乗り、息子の藩主忠義《ただよし》になり代わって実権を掌握していました。

その驕り高ぶりが招いたのが、「生麦《なまむぎ》事件」です。先にも述べましたが、自身は大名ではなく、何の官職も持っていないのに江戸へ出て幕府を脅し、いろいろな改革を実現させます。その帰路、今の神奈川県にある生麦にさし掛かったところ、横浜から馬に乗って来たイギリス人観光客とすれ違います。その際、彼らがつい久光一行を横切ってしまったため、薩摩の侍《さむらい》が「無礼者め！」と激怒して彼らの一人を斬《き》り殺してしまうのです。

これに対し、今度はイギリスが激怒します。国として正式に犯人を差し出せ、賠償金を払えと薩摩藩に迫るのです。ところが久光は、相手にしようとしません。あれは足軽《あしがる》が勝手にやったことで、我々に責任はない。しかもその足軽は逃亡してしまったので、犯人の引き渡しもできない。両方とも嘘ですが、そんな回答を返すのです。

これにイギリス艦隊は怒り、鹿児島湾に入って薩摩を叩きます。これを「薩英《さつえい》戦争」と言います。

同じころ、長州藩はもっと無謀な戦いをします。関門海峡で、軍艦だろうが民間商船だろうが、とにかく外国船に無差別に砲撃を加えたのです。特に民間商船は、軍隊が攻撃してはいけないというのが国際的なルールです。それを無視したわけで、外国が怒るのは当然でしょう。その結果、アメリカやイギリスなどの四カ国は連合艦隊を組み、下関《しものせき》を叩き潰します。これが「馬関《ばかん》戦争」または「下関戦争」です。

もともとどの藩よりも早く、半分だけ目覚めていた両藩ですが、この段階で完全に目を覚ますのです。

◆天皇だけは外国から信用されていた

とはいえ、明治維新の担《にな》い手である薩摩・長州は、ついこの間まで外国人を当たり前のように斬り殺していたわけです。伊藤俊輔などは、イギリス公使館の焼き討ちにも加わっていました。

そういう連中が打ち立てた政府が、いきなり明治天皇を前面に立てて「これからは国を開いて貿易をします、仲良くしましょう」と言い出したとしても、外国は信用できないはずです。

そこを信じてもらうには、どうすればいいか。正攻法としては、国の形をきちんと整えることです。例えば憲法を作る、あるいは国会を開設する。こういう近代国家としての体制を整え、法治国家になるのなら、信用されたでしょう。

しかし、そんな時間はありません。明治元年（一八六八）の段階では、まだ東北が治まっていなかった。最新鋭の幕府海軍の艦隊を率いて箱館《はこだて》（函館）に逃げた榎《えの》本武揚《もとたけあき》たちもいる。戊辰《ぼしん》戦争はこれからという状況でした。そんな中で、「これからは心を入れ替えてやります」と言っても、説得力がありません。

そこで明治政府は知恵を絞るわけです。実はこの時点で、諸外国にこれなら信用できると思われていたのが、天皇の存在でした。天皇の鶴の一声で、薩摩も長州も幕府も、誰もがそれにしたがう。国内のいろいろなことが変わっていく。その様子には、アメリカもイギリスもフランスも共通して驚嘆しました。「大したものだ」と。

つまり、**天皇の言うことなら信用されるということです。ならばそれを最大限に利用しようと考えて出されたのが、「五箇条の御誓文」だった**のです。これは明治天皇が「ご先祖さまに対し、これらの五カ条を必ず実行することを誓う」という文書で、だから「御誓文」なのです。その五箇条は以下のとおりです。

一　廣《ひろ》ク會議《かいぎ》ヲ興《おこ》シ萬機《ばんき》公論《こうろん》ニ決スヘシ
一　上下《しょうか》心ヲ一《いつ》ニシテ盛《さかん》ニ經綸《けいりん》ヲ行フヘシ
一　官武《かんぷ》一途《いっと》庶民ニ至ル迄各《おのおの》其志ヲ遂ケ人心《じんしん》ヲシテ倦《う》マサラシメン事ヲ要《よう》ス
一　舊來《きゅうらい》ノ陋習《ろうしゅう》ヲ破リ天地《てんち》ノ公道《こうどう》ニ基クヘシ
一　智識《ちしき》ヲ世界ニ求メ大《おおい》ニ皇基《こうき》ヲ振起《しんき》スヘシ

このうち特に重要なのは、四番目と五番目で、いずれも外国向けです。四番目は、例えば関白とか身分制度のような古くて悪い習慣を改め、「天地の公道」、つまり国際法や西洋諸国の常識に基づいた国家運営をするということです。また五番目は、これからの日本国は世界に知識を求め、「皇基」、つまり天皇家（＝日本国）を振興しようということです。つまり、**二度と鎖国はしないという宣言なのです。**

これを出したことで、各国とも不平等条約を見直してくれた、というわけではありません。しかし、まともに付き合っていけるかな、という感覚を持ってくれたことは間違いないでしょう。

◆一九名もの留学生を欧州に送り込んだ薩摩藩

ところで、薩摩藩は島津斉彬の薫陶《くんとう》があったため、久光の時代になっても外国と交流を続けていました。そのパイプ役となっていたのが、オペラ『蝶々夫人』のピンカートンのモデルとも言われるトーマス・グラバーです。彼はもともとイギリスの武器商人で、五代友厚あたりとも関係があったようです。

薩英戦争でボロボロに負けた後、薩摩はやはりイギリスに学ぶ必要があるとして、一気に一九名もの留学生を送り出します。そのメンバーについてアドバイスしたのが、五代友厚でした。

さすがに彼は、物事がよくわかっていました。留学生の中には、十年以上も現地で技術を学ぶ若者もいれば、三〜四年で何かを学んでくる者もいた。あるいは条約等を結ぶための、優秀な家老クラスもいました。最初から留学生それぞれに役割と目的をしっかりさせていたわけです。

さらにすごいのは、徹底的な攘夷論者を含ませたこと。外国人など日本刀で追い払えと言っている連中に、実際に外国を見せることで、思考の転換を促そうとしたのでしょう。

ただし、当時は外国への渡航は禁じられていたので、勝手に留学生を出国させれば幕府に目をつけられます。そこで薩摩藩は、立派な港を持っているにもかかわらず、そこから出国はさせません。西方の辺鄙《へんぴ》なところにある小さな船着き場からこっそり小舟で出航するのです。

しかも名目上の行き先は、奄美《あまみ》大島より近いところにある甑島《こしきじま》。もし途中で捕まって密出国の疑いをかけられたら、「甑島に行くつもりだったのに、漂流したんです」と言い訳をすることになっていました。

しかし、実際に向かうのは羽島（現・いちき串木野《くしきの》市）という中継点。そこからグラバーの案内で外国船に乗り換え、イギリスに向かったのです。航路は、まずマラッカ海峡を通過し、インドの南を通り、アフリカとサウジアラビアの間の紅海を抜けてスエズ湾まで到達します。今日《こんにち》ではスエズ運河がありますが、当時はまだないので、上陸して鉄道に乗って地中海に抜け、そこから海路イギリスを目指しました。

留学生にとって、鉄道のインパクトは絶大でした。**「外国人など皆殺しにすればいい」などと息巻いていた攘夷派の留学生も、乗った途端に「外国から学ばなければならない」と考えを改めたそうです。**

ちなみに、旅行の出発点になった鹿児島西端にある羽島には、「薩摩藩英国留学生記念館」が建っています。以前、私も訪れたのですが、現在でも鹿児島市内からバスで一時間半ほどかかりました。まして当時、いかに辺境な場所だったかは、容易に想像がつくでしょう。

Point

「五箇条の御誓文」は、外国への誓いの言葉でもあった！

「錦《にしき》の御旗《みはた》」と「ＰＲソング」が鳥羽・伏見の戦いを制した

◆官軍は宣伝戦で勝利した

慶応四年（明治元・一八六八）、鳥羽・伏見の戦いを端緒として戊辰戦争が始まります。

先に述べたとおり、最後の将軍・徳川慶喜は、大政奉還という起死回生の作戦に出ました。それに対して西郷隆盛は、一世一代の謀略を実行します。江戸でテロ騒動を起こし、憤激した幕府が武力で世の中を変えようとするように仕向けたのです。

この手にまんまと乗った幕府は、軍が集結していた大坂城から京都の御所に攻め上り、薩摩・長州軍を追い払って天皇を手中に収めようとした。これは四年前、長州藩が起こした「禁門の変」と同じ意図です。

大坂から京都に向かう場合、二つの大きな街道がありました。一つは鳥羽街道、もう一つは伏見街道です。幕府軍は、この二つの街道を攻め上って京都に入ろうとした。だから「鳥羽・伏見の戦い」なのです。

兵士の数では、幕府軍のほうが圧倒的に有利なはずでした。ところが、幕府軍はコロッと負けてしまう。**最大の問題は、統率が取れていなかったことです。薩摩・長州はすでに外国との戦いも経験しています。新式銃による近代戦に慣れているわけです。それに対して幕府軍は寄せ集めでしかありませんでした。**

実は幕府軍も、必ずしも武器が劣っていたわけではありません。むしろ陸海軍ともに薩摩・長州より優れていました。

しかし一方で、槍《やり》や刀しか持っていない旧式部隊もいる。だから統率が取れていなかったのです。しかも、本来なら慶喜が先頭に立って戦うべきでしたが、それも部下に任せてしまった。その結果、幕府軍は負けるべくして負けたと言えるでしょう。

そこに追い打ちをかけたのが、薩摩・長州軍の先頭に翻《ひるがえ》った「錦の御旗」です。

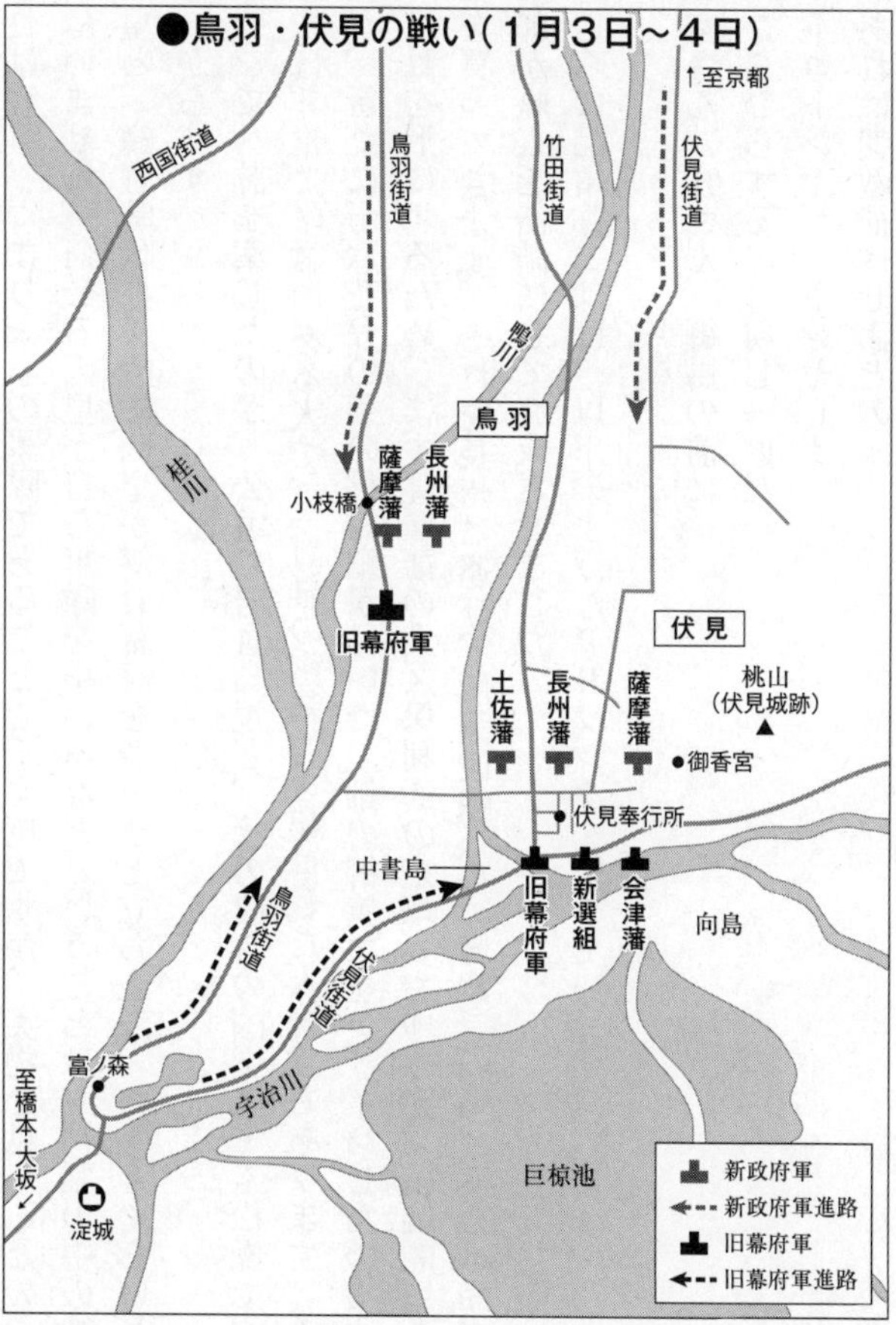
●鳥羽・伏見の戦い（1月3日〜4日）
↑至京都
西国街道
鳥羽街道
竹田街道
伏見街道
鴨川
鳥羽
薩摩藩
長州藩
小枝橋
旧幕府軍
桂川
伏見
桃山
(伏見城跡)
土佐藩
長州藩
薩摩藩
御香宮
伏見奉行所
中書島
旧幕府軍
新選組
会津藩
向島
鳥羽街道
伏見街道
富ノ森
宇治川
至橋本・大坂
淀城
巨椋池
新政府軍
新政府軍進路
旧幕府軍
旧幕府軍進路

これは官軍、つまり天皇の軍隊であることを示す旗ですが、実物を見たことのある人はいません。何しろ天皇が自ら軍隊を率いるなどということは、神話の中の神武《じんむ》天皇と、鎌倉時代に後醍醐《ごだいご》天皇が鎌倉幕府を潰そうと立ち上がったときぐらいしかないからです。

そこで一計を案じたのが、公家の岩倉具視《いわくらともみ》と、その腹心の国学者・玉松操《たままつみさお》です。玉松は非常に学識のある人で、「討幕の密勅」を起草した人物でもあります。その彼が、新たに十六花弁の菊の御紋章が付いた「錦の御旗」をデザインしたのです。

それを形にするため、まず薩摩藩の大久保利通の京都妻おゆうが、縮緬《ちりめん》問屋から錦を買ってきます。それを長州に運び、伊藤俊輔（後の博文）の弟分である品川弥《や》二郎《じろう》が職人を缶詰にして完成させました。

さらに品川弥二郎は、以下のようなＰＲソングを作っています。

宮さん　宮さん　御馬の前に
ひらひらするのは何じゃいな
トコトンヤレ　トンヤレナ
あれは朝敵征伐せよとの

錦の御旗じゃ知らないか
トコトンヤレ　トンヤレナ

歌うと、ちょうど三十秒ほどで収まります。今でもテレビの三十秒スポットでピッタリ流せるほどの優れものです。日本のPRソング第一号と言っていいでしょう。

公式には日本の軍歌第一号とされ、作曲は長州藩の西洋学者・兵学者の大村益次郎《ますじろう》ということになっていますが、それは怪しい。大村益次郎は優秀で博識な人物ですが、音楽の素養があったと思えないし、「宮さん、宮さん」というリズムやメロディはいかにも日本的です。おそらくは品川弥二郎が作詞し、懇意にしていた京都の芸妓《げいこ》さんに作曲してもらい、三味線などで伴奏させたのでしょう。

それにしても、官軍はプロパガンダが見事でした。**「錦の御旗」を作り、あれは何だという庶民の疑問にPRソングで答える。鳥羽・伏見の戦いは宣伝戦が勝負の分かれ目だった**のです。

◆徳川慶喜はなぜ敵前逃亡したのか

一方、徳川慶喜は水戸《みと》家の出身ですが、そもそも水戸家の人間は将軍にならないはずでした。

徳川家康は、九男、一〇男、一一男で御三家をつくりました。九男が尾張《おわり》家、一〇男が紀伊《きい》家で、この二家は大納言です。しかし一一男の水戸家は中納言でした。将軍位には就かず、一歩引いて将軍を助ける家柄として創設されたのです。だから幕府の組織表に「副将軍」という役職はないのですが、水戸藩自身が「わが家は天下の副将軍である」という言い方をするようになったのです。

実質的にも、水戸藩はそういうポジションでした。尾張藩・紀州藩を含めた他大名には参勤交代の義務がありましたが、水戸家はなし。その代わり、藩主は常に江戸に在住することを義務づけられていました。つまりは、将軍に万一のことがあった場合の備えだったわけです。

日本は言霊《ことだま》の国なので、「将軍に万一のことが〜」などとは言っても書いてもいけない。言えば、それを望んでいると解釈されます。しかし**水戸家がそういう役割**

を負っていたことは、この体制から明らかでしょう。だから逆に言うと、将軍になってはいけないのです。

また水戸家は、代々勤王の家柄です。「水戸黄門」で有名な水戸徳川家二代藩主の徳川光圀《みつくに》は家康の孫ですが、すでに「江戸の将軍家は本家に過ぎない。我々の主君は天皇家である」などと言っています。

仮にこんなことを外様《とざま》大名が言えば、将軍に対する忠誠心がないとして取り潰しの原因になりかねません。それを光圀は江戸時代初期に堂々と言っている。それは、**家康以来の徳川家のコンセンサスがあったからでしょう。「万一、江戸の将軍家と天皇家が対立するような局面では、水戸家は本家ではなく朝廷側につくべし」ということです。そうすれば、万一の場合でも徳川家は残るという計算だった**のだと思います。その水戸家から最後の将軍が出たというのも、歴史の皮肉なめぐり合わせでしょう。

徳川慶喜は水戸家の七男として生まれましたが、一橋家に養子に行ったため、水戸家出身という経歴がリセットされました。本来、徳川家と天皇家が対立した場合の保険として天皇家側につくべきだったのに、こともあろうに、その水戸家出身の人間が将軍になってしまった。徳川家にとっては大きな計算違いですが、実はこれが良かったのです。

慶喜は子供のころから、絶対に天皇家に逆らってはいけないと教えられてきました。だから薩長側の「錦の御旗」を見た瞬間、戦意を失うわけです。

もし水戸家出身以外の将軍であれば、そうはならなかったでしょう。たかが旗ぐらい奪ってやると考えたとしても、おかしくない。しかし慶喜だからこそ、戦争はあっさり終結するのです。

慶喜は大坂城から姿を消し、天保山沖に停めていた開陽丸《かいようまる》に乗って、大急ぎで江戸へ逃げ帰ります。しかも慶喜の周到なところは、代わりに副大将に祭り上げられそうな会津藩主の松平容保《かたもり》も同行させたことです。だから戊辰戦争といえば江戸城の無血開城が一つの大きなポイントですが、実は大坂城も無血開城だったのです。

◆勝海舟の江戸城無血開城への方策

江戸城に戻った慶喜は、いろいろな人の意見を聞くふりをしながら、勝海舟を呼び出します。

ただし、これまで両者の関係はかならずしも良好ではありませんでした。薩長と一戦交えるべきという考えだった慶喜に対し、勝海舟は国内で争っている場合ではないという意見の持ち主だったからです。

しかし、「錦の御旗」を見て恐れをなした慶喜が、何とか「朝敵」の汚名をそそぎたいと考えたとき、その考えにもっとも賛同しそうなのが勝海舟でした。だから戻るなり勝を呼び、事態の収拾という難題を命じたのです。

幕臣の中には、まだ戦えば勝てると主張する者もいました。その代表が、勝海舟のライバルだった小栗上野介《おぐりこうずけのすけ》です。しかし天皇家に逆らいたくない慶喜としては、勝っては困るわけです。そのため小栗はクビになります。

その上で、江戸城無血開城の道を画策《かくさく》する。ふつう城を明け渡すとき、城主は部下や子孫の安泰を条件に切腹するものですが、慶喜にその気はありません。勇気がなかったというより、とにかく朝敵のまま死にたくなかったからだと思います。汚名をそそぐまで生きていたいということだったのでしょう。

勝海舟としては、そのほうがやりやすかったはずです。もし慶喜が籠城《ろうじょう》して薩長にひと泡吹かせるなどと言い出したりしたら、もう指をくわえて見ているしかなかった。しかし全権を自分に託してくれたので、策を巡らせることができたわけです。

勝はまず、強硬派の新選組を江戸から追い払おうとしました。隊長の近藤勇《いさみ》を呼び出し、「敵が中山道と東海道に分かれて攻めてくる。中山道から来る連中は甲州を通って江戸に入ろうとするから、君たちは甲府で迎撃してもらいたい」などと指示を出し、大砲を与えます。近藤は、大砲をゴロゴロ引きずりながら甲府に向かいました。これによって、江戸を戦場にすることを避けたわけです。

一方では脅しもかけます。一四代将軍徳川家茂に嫁《とつ》いでいた皇女和宮は、孝明天皇の妹で、明治天皇の叔母にあたります。夫婦仲は良かったようですが、家茂は脚気《かっけ》で亡くなり、未亡人となっていました。上流階級の特権として白米ばかり食べていたためですが、当時は原因がわからず、死に至る病だったのです。

和宮としては、これを機に京都へ帰ることもできましたが、健気《けなげ》にも「私は徳川家に嫁いできた身だから」と江戸に残る決断をします。勝海舟はそれをカードに使いました。官軍に対し、「幕府内の強硬派の中に、和宮の命を奪えという意見もある。私が必死に食い止めていますが、いつまで保《も》つかわからない」とメッセージを送る。つまりは、江戸へ攻め上ったら和宮の命はない、と脅したわけです。

勝には勝算がありました。一つは、官軍の総参謀が西郷隆盛だったこと。話のわかる男なので、なんとかなるだろうと思っていた。

そしてもう一つ、江戸討伐軍の総大将が有栖川宮熾仁親王《ありすがわのみやたるひとしんのう》だったこと。天皇家と血縁関係のある人物ですが、実はかつて和宮と婚約していたことがありました。しかし幕府と朝廷の融和のため、その婚約は取り消されていたのです。昔の婚約者を危険に晒《さら》すようなことはしないだろうというのも、勝の読みでした。

そしてもう一つ、実は徳川慶喜のお母さんは有栖川宮家の出身でした。ならば有栖川宮熾仁親王も、有栖川宮家の血を引いている慶喜を朝敵のまま死なせたいとは思っていないはず。これも、勝にとって好材料でした。

◆政治家としての勝海舟の慧眼《けいがん》

ただし、懸念もありました。薩摩・長州は、あくまでも幕府を叩き潰し、世の中が変わることをアピールしたかったのです。いくら「大政奉還した時点で幕府は消滅しました」「徳川家は将軍家ではなく、一大名になりました」と喧伝《けんでん》しても、インパクトが弱い。新しい世の中をつくるためには、周知徹底できるような事実が必要でした。

また勝海舟も、幕府内で孤立無援の状態でした。慶喜には戦争回避を命じられていましたが、周囲にはまだ抗戦を主張する者も多数いた。たしかに、例えば幕府海軍は薩摩海軍や長州海軍より圧倒的に優れていたので、一戦交えれば必ず勝てます。それなのになぜ降伏する必要があるのかとは、誰もが考えることでしょう。

それを抑えるために勝はたいへんな苦労をするわけですが、その状況を見かねた慶喜が勝のもとへ送り込んだのが、剣豪の幕臣・山岡鉄舟《てつしゅう》でした。ドラマ等では両者が偶然出会ったように描かれていますが、それはあり得ない。幕臣は数千人もいます。その中から慶喜が厳選して差し向けたのでしょう。それまで両者に面識はなかったのですが、勝は山岡と少し話してみただけで、「こいつは使える」と感じたようです。

もう一つ、**勝の政治家としての真骨頂は、薩摩藩士の益満休之助《ますみつきゅうのすけ》という人物を自らの屋敷に匿《かくま》ったことです。**益満は、かつて薩摩藩が西郷の指示によって行った江戸市中でのテロの実行リーダーです。幕府はまんまとその術中にはまって江戸の薩摩屋敷を壊滅させ、それをきっかけに鳥羽・伏見の戦いが始まるわけですが、その際に益満は幕府によって捕まっていました。

テロリストの首魁《しゅかい》なので、本来なら当然、死刑になるところです。しかし勝海舟は裏から手を回して、自分の屋敷に連れ帰ります。やがて何かのカードとして使えると考えたのでしょう。

それが、いざ勝と西郷の無血開城に向けた会談を設定する場面で生きてくるのです。まず勝から西郷への使者として、山岡鉄舟が向かうことになりました。しかし今と違ってメールも電話もないので、その旨を薩摩側に告げる手段がありません。まして山岡は剣豪なので、西郷を暗殺しに来たと勘違いする恐れもあります。

そこで役立ったのが益満です。益満はもともと西郷の腹心なので、山岡の供《とも》として西郷のもとへ向かわせることで、敵意がないことを伝えられます。それに薩摩弁と標準語の違いによる会話の不自由も、益満が間を取り持つことで解消されました。これにより、勝と西郷による歴史的な会談の舞台が整ったわけです。

Point

徳川御三家の水戸藩は、徳川と天皇が対立した場合の保険だった⁉

佐賀藩の武力が差をつけた優勝劣敗の戊辰戦争

◈佐賀藩の参加で官軍は最強になった

江戸城は無血開城されましたが、戊辰戦争はまだ終わりません。西郷隆盛も、江戸市中を焦土にすることは望んでいません。勝海舟にはかつて長州征伐を控えるようアドバイスをもらった恩義もあるし、結果的に和宮も助けてくれたし、何より江戸の市民を戦火に巻き込まなかったことは良かったと思っていたでしょう。

しかし、このまま戦争を終わらせるわけにはいかないという思いもあったはずです。せっかく「錦の御旗」を立てて江戸まで来たのに、世の中が新しく変わったということをアピールし切れていないからです。

一方、幕府側にもまだ主戦論を唱える者がいました。もちろん勝海舟も抑え込もうとしたのですが、抑え切れない一群もいました。それが臨時編成の軍隊である「彰義隊《しょうぎたい》」です。この名称には勝に対する皮肉も込められています。「徳川家を朝廷に売り渡した勝とは違い、我々は忠義を天下に示すのだ」というわけです。

彼らが江戸城の代わりに立てこもったのが、上野の寛永寺《かんえいじ》でした。前にも述べましたが、江戸時代には「一国一城令」が敷かれていました。もう平和な時代だからという理由で、持てる城を一大名につき一つに限定し、それ以外は取り壊されていたのです。

しかし、いつ戦乱の世に戻るかもわかりません。そこで**幕府も各藩も、いざというときに備えて城以外の施設を確保していました。それが寺なのです。**藩主の菩提寺《ぼだいじ》のケースが多いですが、わざわざ山の上に設立し、周りを厳重な塀で囲み、いざとなったら立てこもって中から鉄砲を撃ちかけられるようにしていました。幕府の場合は、それが寛永寺だったのです。

薩摩・長州・土佐連合軍は、その攻略に手こずります。西郷ほどの優秀な軍略家が攻めても落ちないのだから、彰義隊はそれだけ頑強な抵抗をしていたと言えるでしょう。ところが、肥前の佐賀藩が戦闘に加わった途端、彰義隊は一日で壊滅します。いったい何があったのか。

佐賀藩には、前に述べたフェートン号事件の教訓がありました。警護していた長崎でイギリスの軍艦の横暴を許してしまっただけではなく、それを幕府に咎《とが》められて藩主が処罰されます。しかし、そもそもイギリスの軍艦に対処できなかったのは、幕府によって武器の新調や改良を禁じられていたからです。

後に藩主・鍋島閑叟（直正）は、独自の改革路線を歩み始めます。薩摩・長州ともっとも違うのは、海外ではなく長崎への留学を推《お》し進めたことです。藩内の優秀な若者を選び、長崎へ送り込んで西洋式の技術や知識を学ばせた。たしかにそのほうが、お金も時間もかかりません。それでも明治新政府の先駆けのように、反射炉（鋼鉄が作れる溶鉱炉《ようこうろ》）を造り、武器を改良し、商船を造り、貿易をして、大儲けをしたのです。

例えば反射炉と言えば、薩摩や韮山《にらやま》（静岡県）のものが有名でしょう。しかし、国内で最初に建設したのは佐賀藩でした。薩摩藩主の島津斉彬は、佐賀藩の成功を見て「我々薩摩人にもできないはずはない」と藩士たちを鼓舞したと言われます。

だから当時、佐賀藩の特に陸戦隊の兵力は、薩長、あるいは幕府をも上回るほど強大でした。**まさに薩長より先に朱子学から目覚め、先に維新を成し遂げた**と言ってもいいと思います。

◆アームストロング砲が彰義隊を粉砕

その佐賀藩の先駆性を象徴するのが、アームストロング砲という兵器です。イギリスで発明された、最新鋭の大砲です。

銃砲にとって欠かせないのが、「ライフル」です。これはライフル銃のような長い銃を指すのではなく、銃身の中に刻まれた螺旋《らせん》状の溝のことを指します。だからピストルのような短銃にもライフルはあります。そこに円筒型の弾丸を詰めて発射すると、溝に沿って回転するため、ブレなくなって命中率が高くなり、しかも遠くまで飛ばすことができるのです。

一方、火縄銃にはライフルが刻まれていません。だから弾丸は遠くまで飛ばないし、命中率も職人のつくり方しだいでした。これでは外国に太刀《たち》打ちできるはずがありません。

では大砲はどうかというと、もちろんライフルを刻む試みはされていたのですが、そうすると強度が弱くなって暴発しやすくなる。仮にそうなれば、周辺にいる兵士は全員吹き飛ばされます。一個分隊全滅です。だから当時、イギリスやフランスのような最先端の工業技術を持った国でも、大砲にはライフルを刻んでいませんでした。しかし、イギリスの技術者・アームストロングが、「ライフル」の入った大砲の開発に成功。おかげで、従来のものより飛距離が長く、命中率も高くなりました。その大砲がアームストロング砲です。

もちろん画期的な大砲なので、まずイギリス海軍がこれを試験的に採用します。薩英戦争で鹿児島湾に入ってきたイギリス艦隊は、すでにこの砲を装備していました。ところが、恐れていた暴発事故が起こります。結局、それを機にイギリス海軍は本採用を見送ることにしたのです。

これは歴史の偶然ですが、もしイギリス海軍が正式に採用していたら、アームストロング砲は軍事機密になっていたはずです。つまり、他の国は使えなかった。しかし**暴発事故のおかげで、武器商人を介して出回るようになった**のです。それを買い込んだのが佐賀藩です。そのまま使ったという説もありますが、おそらく分解・研究してコピーを作り上げたのだと思います。これにより、佐賀藩は日本で唯一、場合によっては世界で唯一、大量のアームストロング砲（またはそれに類する大

上野戦争　上野戦争の激戦を描く錦絵（「東台大戦争図」部分、国立国会図書館蔵）。最大の激戦地となった黒門（右方）の上に、大砲の光跡が描かれている。佐賀藩のアームストロング砲のものかもしれない。

砲）を所持するようになったのです。

ちなみに、佐賀藩で長崎留学を経験した人物の一人に、大隈《おおくま》重信《しげのぶ》がいます。明治以降、薩長や土佐の志士が政府の要職に就いていきますが、中でももっとも英語がうまかったのが大隈だったそうです。

大隈自身は、海外留学を経験していません。それでも英語ができたのは、長崎でオランダ系アメリカ人宣教師のフルベッキに教えを請《こ》うたからです。大隈も最初はオランダ語を学んでいましたが、途中から英語に切り替えようと思い立ち、フルベッキもその要請に応えることができたのです。

また大隈は、欧米の文明についても熟知していました。明治以降、ゼロの状態から、まず何をつくり上げるか新政府の指導者たちは頭を悩ませます。ふつうの国であれば、まず憲法をつくり、議会をつくり、商法や民法などの法律を整え、会社などをつくるというのが手順です。

しかし彼らは、まず鉄道に着手した。その結果、明治五年（一八七二）には新橋・横浜間が開通しています。

実はこのとき、新政府内では二人の政治家が対立していた。大隈重信と伊藤博文です。大隈はどちらかといえば西郷隆盛寄りで、伊藤は大久保利通などと親しかった。しかしこの両者、いち早く鉄道を建設しようという意見だけは一致しました。国内にはまだ頑迷なヤツらがいるが、彼らを宗旨替えさせるためには、鉄道のような文明の利器を見せるのが一番、というわけです。

それはともかく、佐賀藩は日本屈指の技術力を持ちながら、戊辰戦争では態度を明確にしていませんでした。しかし官軍と彰義隊との戦いにおいて、初めて正式に官軍に加わります。**彰義隊が壊滅したのは、まさに佐賀藩のアームストロング砲の威力によるものだった**のです。

◆官軍と東北各藩の戦力差は歴然

官軍に追われた兵士は、いろいろな形で逃げていきますが、最終的に集まったのが会津藩です。この藩は幕末から戊辰戦争を通じ、もっとも貧乏くじを引く形になりました。

幕末、京都守護職に任命された会津藩主の松平容保は、孝明天皇からの信頼も厚く、自ら手を取られて「頼むぞ」と言われたこともありました。ところが孝明天皇が亡くなり、明治天皇が即位した途端、世の中は「薩長こそ正しい。幕府は朝敵だ」と一変。しかも兄貴分である慶喜はさっさと降伏して謹慎し、容保だけが取り残されたのです。

会津藩は、総大将である慶喜が頭を下げているのに、城にこもって戦う姿勢を示しました。もし容保が慶喜と歩調を合わせて恭順《きょうじゅん》し、坊主にでもなっていれば、その後の会津の悲劇はなかったのでは、という見方もできるかもしれません。

しかし、それは難しかったでしょう。先にも述べたとおり、官軍はとにかくどこかで大規模な戦闘をして、武力で賊軍をやっつけたという形をつくりたかったのです。江戸城を奪ったにしても、**何かしらの目に見える戦果を挙げなければ、新しい時代は始まらない。その標的に選ばれたのが、会津だった**のです。

もちろん、官軍の進軍が理不尽であることは、誰もが知っていました。孝明天皇から厚く信頼されていた会津藩が、賊軍のはずはないのです。そこで東北の各藩は同盟を組んで会津藩を助けようとします。これが「奥羽越《おううえつ》列藩同盟」です。

彼らの中には、別の皇族を擁立しようという意見もありました。もともと上野の寛永寺は、世襲ではありませんが、代々皇族が住職を務めていました。そこで、ちょうど源頼朝が以仁王《もちひとおう》という皇族の命令を受けて平家打倒の兵を挙げたように、寛永寺の宮のために戦う形にするというアイデアです。うまくいけば南北朝のように新政府に対抗できるし、少なくとも「賊軍」とは呼ばれません。

しかし、対抗しようにも官軍は強すぎました。例えば伊達政宗《だてまさむね》を始祖とする仙台藩は、最初こそ会津の最大の味方でしたが、武器が近代化していないため、あっけなく敗北します。東北の各藩も似たようなもので、戦力の差は歴然としていました。結局、官軍の攻勢を受けてコロコロ負けていくのです。

唯一異彩を放ったのが、河井継之助《かわいつぎのすけ》を擁する長岡藩でした。彼は世界初の機関銃ガトリング砲を日本で最初に買い込み、来るべき決戦に備えるという先見の明のある人物でした。しかし、やはり多勢に無勢で敗走を余儀なくされました。

◆戦国の名城・鶴ヶ城もアームストロング砲には敵わず

結局、会津藩は孤立することになります。そこへ官軍が総掛かりで攻め込んで来たため、会津鶴ヶ城での籠城戦が始まるわけです。

鶴ヶ城を守るため、ふだんなら絶対に戦場に出ないような少年たちも、軍隊に組み入れられました。これが白虎隊《びゃっこ》です。我々を一方的に悪者にする官軍の理不尽さを、武士として認めるわけにはいかないという意識の表れでしょう。

また会津藩士にとっては、鶴ヶ城そのものが徹底抗戦の自信になっていたと思います。話ははるか前の戦国時代に遡《さかのぼ》りますが、近江国《おうみのくに》に蒲生氏郷《がもううじさと》という大名がいました。織田信長《おだのぶなが》がその力量を見込み、自分の娘婿《むすめむこ》にしたぐらい優秀な武将でした。その後の豊臣秀吉《ひでよし》にも信頼され、東北方面の守りを任されます。特に伊達政宗というとんでもない奴を抑えよと命じられ、そこで会津若松に建てたのが鶴ヶ城でした。つまり、**戦国時代の幾多の経験を活かして設計された難攻不落の名城なのです。明治の会津藩士たちも、この城があれば持ち堪《こた》えられる**と思ったのです。

そしてもう一つ、会津には冬将軍という味方もいます。冬になれば雪に閉ざされるということです。薩摩も長州も土佐も佐賀も南国です。多くの兵士は雪に慣れていないし、きっと寒さにも耐えられない。だから籠城して雪が降ってくるまで持ち堪えれば、膠着《こうちゃく》状態になると考えていたのでしょう。実際、飛ぶ鳥を落とす勢いだったフランスのナポレオンも、ロシアで厳寒に見舞われて撤退しています。官軍を同じ状態に追い込めば勝てると思っていたようです。

ところが、そこに計算違いがありました。やはりアームストロング砲です。鶴ヶ城は戦国時代の城なので、堀があります。その幅は、当時の大砲の弾丸が届かない距離で設計されていました。つまり堀ぎわまで攻めて大砲を置いたとしても、城内には影響がなかったわけです。

ところがアームストロング砲は、当時の大砲の何倍もの飛距離があります。つまり堀を易々《やすやす》と飛び越えて、城に着弾しました。これにより、鶴ヶ城は徹底的に破壊され、会津藩は雪が降るまで持ち堪えることができなかったのです。

ここで、会津藩が降伏したことにより、一連の戊辰戦争は一つの大きな区切りを迎えます。その後も旧幕臣の榎本武揚が新選組の土方歳三《ひじかたとしぞう》などと組み、箱館に海軍基地をつくって明治維新政府に対抗しようという意志を示しますが、もはや官軍の軍事力や時勢には遠く及びませんでした。

結局、最後まで影響を及ぼしたのが朱子学でした。徳川家康が戦国時代を終わらせようとして蒔いた朱子学のタネが、家康の思いもよらない副作用を生んだ。**軍事改革を怠《おこた》り、財政改革を失敗させ、外交・貿易を止めさせ、幕府を時代遅れにしてしまった**のです。

徳川幕府の体制は朱子学によって盤石《ばんじゃく》になり、朱子学によって滅んだと言っても過言ではないでしょう。

Point

武器の進歩を止めた徳川幕府は、最新兵器によって敗れてしまった！

文庫版おわりに

冒頭でも述べましたが、近い将来、国が歴史教育のやり方を根本的に見直すらしい。日本史や世界史といった分類ではなく「歴史総合」という科目にするということです。

その基本方針で第一に挙げられているのは「歴史を学ぶ本質的な意義として、歴史ならではの『見方・考え方』を、『社会的事象を、時期、推移などに着目して捉え、類似や差異などを明確にしたり、事象同士を因果関係などで関連付けたりすること』」(「【地理歴史編】高等学校学習指導要領〈平成30年告示〉解説」より)ということです。

おわかりでしょうか。これは私がこのシリーズにおいて何十年も前からやっていることと、まったく同じです。そしてその方針に改めると言うことは、今まではそうではなかったということを認めることでもあります。

例えば「事象同士を因果関係などで関連付けたりすること」をしなかったと言う

ことは、まさにこの本のメインテーマである、徳川家康《とくがわいえやす》によって朱子学《しゅしがく》が武士の基本教養とされたことが、どれぐらい強い影響をその後の日本の政治や経済に与えたか、ということをこれまでまったく無視して教科書を作っていたということです。つまり事実の羅列だけ、「朱子学が導入されました」「享保《きょうほう》の改革が行われました」「田沼《たぬま》政治がありました」という形で、事象同士の因果関係を明確にすることなく教えていたことを、国が自ら認めたということです。

ようやく気がついてくれたのはありがたいが、それが始まるのはまだ先の話です。それまでは私の本で勉強していただくしかないでしょう（笑）。いや笑いごとではない、それが日本の歴史教育の貧《まず》しい現実なのです。

二〇二一年二月

著者敬白

著者紹介
井沢元彦（いざわ　もとひこ）
作家。1954年、愛知県名古屋市生まれ。早稲田大学法学部卒業。ＴＢＳ報道局（政治部）の記者時代に、『猿丸幻視行』（講談社）で第26回江戸川乱歩賞を受賞。退社後、執筆活動に専念する。「週刊ポスト」にて連載中の『逆説の日本史』は、ベスト＆ロングセラーとなっている。
主な著書に、「逆説の日本史」「逆説の世界史」シリーズ（以上、小学館）のほか、『日本史真髄』（小学館新書）、『「誤解」の日本史』『学校では教えてくれない日本史の授業』『学校では教えてくれない日本史の授業　天皇論』『学校では教えてくれない日本史の授業　悪人英雄論』『学校では教えてくれない戦国史の授業』『学校では教えてくれない戦国史の授業　裏切りの秀吉　誤算の家康』（以上、ＰＨＰ文庫）、『日本史で読み解く日本人』（ＰＨＰエディターズ・グループ）、『「歴史×経済」で読み解く世界と日本の未来』（中原圭介氏との共著、ＰＨＰエディターズ・グループ）などがある。

本書は、2018年12月にＰＨＰエディターズ・グループから刊行された作品に加筆・修正したものである。

PHP文庫　学校では教えてくれない
江戸・幕末史の授業

2021年2月16日　第1版第1刷
2021年3月25日　第1版第2刷

著　者　井　沢　元　彦
発行者　後　藤　淳　一
発行所　株式会社ＰＨＰ研究所
東京本部　〒135-8137　江東区豊洲5-6-52
ＰＨＰ文庫出版部　☎03-3520-9617(編集)
普及部　☎03-3520-9630(販売)
京都本部　〒601-8411　京都市南区西九条北ノ内町11

PHP INTERFACE　https://www.php.co.jp/

制作協力
組　版　株式会社PHPエディターズ・グループ

印刷所
製本所　図書印刷株式会社

 ISBN978-4-569-90107-7

PHP文庫

学校では教えてくれない日本史の授業

井沢元彦 著

琵琶法師が『平家物語』を語る理由や天皇家が滅びなかったワケ、徳川幕府の滅亡の原因など、教科書では学べない本当の歴史がわかる。

PHP文庫

学校では教えてくれない戦国史の授業

井沢元彦 著

戦国時代の始まりは足利義教の暗殺から?
日本で地名を変えたのは信長が最初?――
戦国時代の本当のすごさは教科書ではわからない!

PHP文庫

学校では教えてくれない戦国史の授業
裏切りの秀吉 誤算の家康

井沢元彦 著

信長亡き後、秀吉・家康はいかに天下を奪い取ったのか？ 知っているようで実は知らない戦国史。教科書には載っていない真実を明かす！